PARFUM ET SUSPICIONS

Bruno DRUART

Editions ART ET COMÉDIE
2, rue des Tanneries
75013 PARIS

PARFUM ET SUSPICIONS

Création en décembre 2006
au Palais de la Culture de Puteaux
Direction : Jean-François Gassot

Avec

Dorothée . . . . Marie-Paule Belle

Jeanne . . . . Corinne Le Poulain

Sabine . . . . Claudine Coster

Pauline . . . . Line Michel

Maguy . . . . Claire Conty

et

Oscar Berthomieu, commissaire . . . . Jean-Claude Bouillon

Mise en scène : Jean Martinez
Une production Nouvelle Scène / Les Grands Boulevards

ACTE I
Scène 1

Un salon bourgeois cossu. La scène est vide. Pauline apparaît, répondant à un téléphone sans fil (ou un portable).

PAULINE *(au téléphone)* - Quatre kilos deux cents ? Il pèse son poids, ton bébé ! Alors, comment l'avez-vous appelé le chérubin ? (…) Émile ? (…) Oui, c'est jeune et dynamique… *(Pour elle-même.)* Tiens, elle a coupé ! *(Elle raccroche. Une pendule sonne quatre coups.)* Mais qu'est-ce qu'elles fabriquent, les sœurettes ?… Ah ! j'allais oublier… *(Elle récupère un flacon de parfum et s'en asperge légèrement. Elle appelle.)* Jeanne ! Tu bricoles quoi ?

Jeanne apparaît. Elle ôte ses gants de jardin.

JEANNE - Rétamée ! Je suis rétamée ! Je viens de passer trois heures à enlever les mauvaises herbes de ton jardin ! Quelle corvée ! C'était vraiment pour te faire plaisir !

PAULINE - Tu as un sale caractère mais c'est toi la plus gentille de nous toutes… À propos, Amélie Dumoulin vient d'accoucher d'un superbe bébé.

JEANNE - Ah oui ? Un superbe bébé, lorsqu'on voit les parents…

PAULINE - Une multitude de femmes accouchent en ce moment.

JEANNE - Normal. L'automne dernier a été très chaud. On a battu des records sur les ventes de boissons fraîches et on annonce des maternités inattendues.

PAULINE - Ça va donner des enfants Bélier.

JEANNE - Les pires !… Ah ! j'ai confectionné la tarte que tu préfères !

PAULINE - Aux fraises ? Je t'adore !… Ah ! le service à thé ! *(Elle s'affaire à installer des tasses et un sucrier sur la table basse. On sonne à la porte. Elle jette un œil par la fenêtre.)* C'est Maguy. Oh ! elle s'est acheté un manteau d'un chic ! Il a dû lui coûter une fortune !

JEANNE - Bagatelle pour une femme qui va hériter de son défunt mari, trois cent mille euros !

Pauline sort pour réapparaître aussitôt avec Maguy, très élégamment vêtue.

MAGUY - Bonjour ! Bonjour ! Comment se porte notre Jeanne ?

JEANNE - Mal.

MAGUY - Parfait ! Nous n'avons donc pas lieu de nous inquiéter.

PAULINE - Ah non ! Vous n'allez pas commencer à vous asticoter !

JEANNE - C'est elle qui me cherche, non ?

Pauline aide Maguy à ôter son manteau.

PAULINE - Il est splendide. Je parie que tu l'as acheté dans cette nouvelle boutique qui s'est ouverte à Noël, place de l'Église.

MAGUY - Gagné ! Elle se fournit chez les grands couturiers. *(Pauline dépose le manteau sur le dos d'un fauteuil.)* Non, je préfère sur un portemanteau. Merci mon chou.

Pauline sort avec le manteau et revient aussitôt.

PAULINE - Je pense que tu as reconnu la propriétaire de ta boutique ?

MAGUY - Sa tête me dit quelque chose mais… non. Je l'ai déjà rencontrée ?

PAULINE - Irma. Souviens-toi ! Cette femme qui avait mis le grappin sur le mari de Dorothée, à une époque. Elle a failli divorcer.

JEANNE - La belle Irma ! Elle décimait toute la ville ! Elle en a du culot de revenir nous narguer vingt-cinq ans plus tard !

MAGUY - Oui, je me rappelle d'elle. Une grande et jolie rousse capiteuse à la taille de guêpe.

PAULINE - C'est ça ! Aujourd'hui, la guêpe s'est envolée et la taille s'est sacrément alourdie. Entre-temps, elle a dû tenir un magasin de loukoums !

JEANNE - T'as raison ! Elle est devenue énorme ! Je l'ai rencontrée l'autre jour chez le boucher. J'avoue que je n'ai pas fait le rapprochement. Devant moi, elle a commandé quatre cents grammes de bavette pour elle toute seule ! Quel appétit !

MAGUY - Comment sais-tu qu'elle vit seule ?

JEANNE - Je dis ça comme ça.

MAGUY - Sabine s'est absentée ?

PAULINE - Elle dort. Une petite sieste bienfaitrice.

JEANNE - Elle récupère surtout…

PAULINE - Oui, bon, ce midi, elle a bu un peu plus de vin qu'à l'accoutumée. Et comme la tête lui tournait, elle est partie s'allonger un moment.

JEANNE - Fallait la voir ! Elle s'en est allée en titubant !

PAULINE - En titubant ? N'exagère pas !

JEANNE - Insiste et je te prive de ta part de tarte aux fraises. En tout cas, ça fait plus de trois heures qu'elle roupille !

MAGUY - Quoi? Encore de la tarte aux fraises? Ça fait trois semaines consécutives! Les pommes, les pêches, les framboises, tu connais pas?

PAULINE - Elle a voulu me gâter.

JEANNE - Mais si vous en avez marre que je fasse des tartes, faut le dire! On peut grignoter des biscuits secs, c'est pas un problème.

MAGUY - Tu peux varier les fruits, c'est pas difficile. *(On sonne à la porte.)* Voilà Dorothée.

Pauline sort pour revenir aussitôt, Dorothée la précédant avec un casque de moto sur la tête.

DOROTHÉE - Coucou, c'est moi! Quelle belle journée! Ce ciel bleu nous dope le moral. *(Elle ôte son casque.)* Comment allez-vous, toutes les trois, depuis jeudi dernier?

PAULINE ET MAGUY - Très bien.

JEANNE - Très mal.

DOROTHÉE - Comme d'habitude! Je pose ça où?

Pauline lui prend le casque qu'elle met devant le portrait encadré de Jeanne sur le buffet.

JEANNE - Ma photo! Je peux la ranger dans un tiroir si elle dérange!

Pauline dépose le casque sur la moquette. Dorothée a ôté son manteau, laissant apparaître un châle.

PAULINE - Oh! tu as un nouveau châle! Quel joli tissu!

DOROTHÉE - Un ancien rideau de cuisine que j'ai transformé… Sabine n'est pas arrivée?

PAULINE - Si. Elle a même déjeuné avec Jeanne et moi. Ensuite elle a eu un petit coup de pompe et…

JEANNE - Et elle est partie cuver! Ça fait trois heures déjà!

DOROTHÉE - Trois heures ! C'est trop ! Vous êtes allées la voir ? Elle a peut-être eu un souci de santé, un malaise ?

PAULINE - Mais non ! Il n'y a pas lieu de s'inquiéter.

DOROTHÉE - Eh bien, moi, je serais heureuse d'être rassurée.

MAGUY - De toute façon, on ne peut pas commencer notre belote sans elle. Cette fois-ci, à qui le tour de compter les points ?

JEANNE - À moi… Une minute, je vais secouer Sabine.

Jeanne sort.

PAULINE - Tu sais, je n'aime pas que tu utilises ta mobylette. Avec tous ces fous au volant…

DOROTHÉE *(rieuse)* - Mais, moi, je n'attends que ça que l'on me renverse ! Je désespère du prince charmant !

Soudain, un cri aigu se fait entendre, émanant d'une pièce voisine.

DOROTHÉE - C'est Jeanne ! Mon Dieu ! Il a dû arriver un malheur à Sabine ! Je le sentais, je le sentais !

MAGUY - Allons-y !

Elles s'apprêtent à se rendre vers la chambre mais Jeanne apparaît, bloquant le passage.

JEANNE - C'est… C'est horrible !

PAULINE - Qu'est-ce qui s'est passé ?

MAGUY - Raconte ! Tu nous angoisses !

PAULINE - C'est grave ? Qu'est-il arrivé à Sabine ? Ne me dis pas que… Elle est décédée ?

DOROTHÉE - Mon Dieu ! Et le curé qui vient juste de partir pour sa cure !

JEANNE - Pas de panique ! Laissez-moi seulement reprendre mon souffle ! Sabine est réveillée, elle va bien et elle descend dans deux minutes. Je viens d'avoir une grosse frayeur. Depuis deux jours, nous avons une souris dans la maison qui vient de filer entre mes jambes ! J'ai hurlé. La surprise… Un alcool de poire, vite !

DOROTHÉE - Une souris ! Quelle horreur ! Deux alcools de poire, vite !

Dorothée soutient Jeanne jusqu'au fauteuil tandis que Pauline s'active à servir deux petits verres d'alcool, que Jeanne et Dorothée avalent d'un trait.

PAULINE *(penchée sur Jeanne)* - Ça va mieux ?

DOROTHÉE - Oui, je te remercie.

MAGUY - Eh bien, nous sommes fixées sur une chose : Jeanne, n'est pas cardiaque ! C'est déjà ça !

JEANNE - Bien sûr ! Tu aurais sans doute préféré que je meure instantanément !

Sabine apparaît.

SABINE - Bonjour ! Bonjour ! *(À Jeanne.)* C'est toi qui fais tout ce raffut ?

JEANNE - La souris ! J'ai aperçu la souris dans le couloir !

SABINE - Moi aussi, tout à l'heure. Elle est craquante ! Ce n'est pas la petite bête qui mangera la grosse !

PAULINE - Allez, allonge-toi un instant sur le canapé. *(À Jeanne.)* Il faut que tu te détendes.

Jeanne s'exécute.

SABINE *(à Dorothée)* - C'est très original ce que tu portes sur les épaules.

DOROTHÉE - Je l'ai acheté dans un grand magasin au rayon décoration !… Bon, on le boit ce thé avant la partie de cartes ou pas ?

PAULINE *(sortant)* - Je m'en occupe.

MAGUY - Comment se composent les équipes aujourd'hui ?

DOROTHÉE - Sabine-Maguy contre Pauline-Dorothée. Jeanne compte et note les points.

SABINE - Dorothée, je te préviens tout de suite : aucune grimace, aucun bruit incongru, aucune phrase à double sens ne seront tolérés. C'est compris ?

DOROTHÉE - Écoutez-la ! Pour qui elle me prend ?

SABINE - Pour la reine des tricheuses. Cela ne me dérange pas quand tu es ma partenaire mais dès que tu passes dans le camp adverse je ne supporte plus. Je déteste perdre, tu le sais bien.

Pauline réapparaît avec la théière.

PAULINE - Ça commence ! S'il vous plaît, vous vous calmez. Moi, j'aime que l'on joue en silence pour la concentration.

DOROTHÉE - Tiens, Jeanne s'est assoupie.

MAGUY - Comme c'est gentil de sa part. Quelques instants de bonheur qu'elle nous accorde…

SABINE - T'as fini d'être aussi dure avec elle ? T'es pas marrante !

MAGUY - Elle m'agace. Elle me déteste de plus en plus et je suis sûre que si elle pouvait…

SABINE - Si elle pouvait quoi ?

MAGUY - Si elle pouvait ne plus me voir, elle serait aux anges ! Tu as beaucoup de mérite de la garder auprès de toi.

PAULINE - Ça, elle n'est pas facile tous les jours. Le docteur la croit très vulnérable, à la limite de la paranoïa. Elle attenterait à sa vie, je me culpabiliserais pour le restant de mes jours de ne pas l'avoir assistée davantage.

MAGUY - En tout cas, depuis dix jours que Victor est décédé, j'ai l'impression que ses réactions négatives à mon égard se sont multipliées.

SABINE - Tu te fais des idées.

MAGUY - Pas du tout ! Elle me jalouse terriblement.

SABINE - Elle te jalouse d'avoir perdu ton mari ? C'est carrément absurde !

MAGUY - Elle m'envie de toucher prochainement le pactole ! Ça lui reste en travers de la gorge !

DOROTHÉE - Dites, elle ne bouge plus du tout, là !

SABINE - Ses nerfs lâchent, elle se détend. Une réaction très normale.

DOROTHÉE - Non, non, c'est pas normal qu'elle soit aussi blanche !

PAULINE - Tu cherches à nous effrayer ou quoi ?… Mais c'est vrai qu'on dirait qu'elle est sans connaissance !

DOROTHÉE - L'intellectuelle de la famille sans connaissance ! C'est un mauvais gag !

MAGUY - Et si la souris l'avait violemment mordue au passage et elle vient de succomber ?

DOROTHÉE - Mon Dieu ! C'est affreux ! Elle est morte ! Et le curé qui vient juste de partir pour sa cure !

PAULINE - Tu te répètes ! Tu fatigues !

MAGUY - Pas de panique ! Jeanne dort simplement du sommeil du… Non, pas elle.

PAULINE - C'est vrai qu'elle ne clique pas des yeux.

SABINE - Comment peux-tu savoir avec ses paupières baissées ?

DOROTHÉE *(inquiète, soudain)* - Moi, je ne rigole plus. J'ai l'impression qu'elle s'est assoupie profondément. Très, très profondément. Dites, on ne perçoit aucun souffle ! *(Dans un cri.)* C'est le thé ! On a mis un poison dedans ! Elle a été supprimée !

SABINE - Qu'est-ce que tu racontes ? Personne n'a encore goûté au thé. Arrête de divaguer. Je vais la réveiller, moi !

MAGUY - Si tu y tiens vraiment !

Sabine se penche sur Jeanne tandis que les autres se rapprochent, attentives.

SABINE *(à Jeanne)* - Ma chérie, le thé est servi.

DOROTHÉE *(après un temps)* - Elle ne réagit pas ! Elle a rendu son âme à Dieu ! C'est terrible ! *(Sur un autre ton.)* Elle me devait deux cent cinquante euros !

MAGUY - Aucune femme ne se réveille pour un thé. On ouvre un œil pour un collier de perles fines ou un bracelet de diamants que l'on dépose devant son minois ravissant.

SABINE *(à Maguy)* - Toi, tu regardes trop de séries américaines… Jeanne chérie, c'est nous ! Nous sommes toutes là : Pauline, Dorothée, Sabine… et même Maguy…

Jeanne pousse un grognement sur le dernier prénom énuméré.

DOROTHÉE *(dans un cri)* - C'est le râle de la fin !

SABINE - Elle aura râlé jusqu'au bout !

PAULINE - C'est pas vrai ! Mais bouclez-la ! Souvenez-vous que papa était pareil. Quand il dormait, la terre aurait pu trembler, il ne se serait aperçu de rien !… Son pouls est parfaitement correct.

SABINE - La gerbe de fleurs est remise à plus tard.

PAULINE - Le thé refroidit.

Les sœurs s'installent autour de la table basse et commencent à boire. On carillonne à la porte.

Jeanne *(se levant d'un bond)* - On sonne !

Les autres femmes suspendent leurs gestes, sidérées. Elles se retournent en direction de Jeanne.

Jeanne - J'ai tout entendu. Je faisais semblant d'être assoupie pour mieux écouter vos réactions, vos manigances. C'est confondant !

Sabine - Utiliser ce genre de procédé est ignoble !

Jeanne - Très révélateur, en tout cas. Quelle honte ! Sœurs indignes ! Sauf Dorothée et Pauline !

Maguy - Tu as raison de protéger tes intérêts.

Jeanne - Toi, tu es la pire ! Une scélérate !

Maguy - Attention, Jeanne, tu dépasses les bornes ! Je ne me laisserai pas insulter.

Sabine - Ça suffit, toutes les deux ! Vous ne vous supportez pas alors évitez de vous adresser la parole !

Dorothée *(à Jeanne)* - Alors toi, merci ! Tu viens de me donner une de ces frayeurs !

Jeanne *(entourant Dorothée de ses bras)* - Oh ! pardon, ma Dodo à moi ! Heureusement que Pauline et toi vous m'aimez.

Maguy - Tu ne trouves pas que tu en fais un peu trop ?

Jeanne - Un jour, je mettrai fin à mes jours ! Comme ça, tu seras définitivement débarrassée de mon encombrante personne !

Maguy - Tu as choisi une date ?

Sabine - Stop ! J'ai horreur de ce genre de discussion. Vous êtes infernales toutes les deux !

Maguy - Je ne cède jamais ni aux menaces, ni aux chantages.

Dorothée - Moi je déteste être vêtue de noir ! Ça nuit à mon sex-appeal !

On sonne.

PAULINE *(sortant)* - Qui cela peut-il être ?

DOROTHÉE - Le curé ! Il a annulé sa cure, il ne supportait pas d'être très éloigné de moi ! Tous, tous, je les impressionne !

PAULINE *(réapparaissant)* - Entrez, entrez, je vous en prie.

Oscar Berthomieu apparaît. Un homme séduisant.

OSCAR - Mesdames ! Je suis désolé de venir troubler quelques instants votre réunion de famille mais…

PAULINE *(le coupant)* - Nous prenons le thé. Désirez-vous une tasse ? Ou un alcool, peut-être ? Nous avons une délicieuse poire…

DOROTHÉE *(rieuse)* - Exact ! Très appréciée en général de la gent masculine…

PAULINE - Fabrication maison. Nous possédons une licence de bouilleur de cru.

OSCAR - Je vous remercie. Commissaire Oscar Berthomieu.

PAULINE - Vous venez m'annoncer une bonne nouvelle ? Vous avez retrouvé mon vélo ?

OSCAR - Votre vélo ?

PAULINE - Celui que l'on m'a chapardé au parking de la gare, il y a trois semaines.

OSCAR - Je ne m'occupe pas de délits mineurs. Je représente la police judiciaire.

DOROTHÉE - Quel honneur ! J'ai toujours eu un faible pour les hommes en uniforme même lorsqu'ils ne sont pas en uniforme !

JEANNE - La police judiciaire ? Il s'est passé un drame ?

OSCAR - Mme Irma Santos a été retrouvée morte, vers quatorze heures trente, à l'ouverture de son magasin.

SABINE - Irma Santos ! C'est incroyable ! Remarquez, elle était la cliente idéale pour l'infarctus : son poids extrême. Son cœur a lâché, n'est-ce pas ?

OSCAR - Elle a été assassinée.

DOROTHÉE *(horrifiée)* - Assassinée ? Irma Santos a été assassinée ! Elle a été étranglée ? Poignardée ?

OSCAR - Deux balles dans la nuque.

PAULINE - C'est affreux !

JEANNE - Un crime dans notre localité si paisible, ça va faire du bruit !

OSCAR - Je suis chargé de l'enquête.

DOROTHÉE - Je devine en vous un policier très performant…

MAGUY - C'est fou ! Pas plus tard que ce matin, j'ai acheté à Irma Santos un très beau manteau. Elle ne m'a pas semblé soucieuse, ni stressée.

OSCAR - À quelle heure avez-vous effectué cet achat ?

MAGUY - Autour de midi, sans être affirmative.

OSCAR - Avant ou après douze heures ?

MAGUY - J'ai dû arriver largement avant, repartir largement après. Le temps de plusieurs essayages. Les femmes coquettes prennent un temps incalculable pour faire un choix.

DOROTHÉE *(remuant son châle)* - Moi, je n'ai pas ce problème : un rien m'habille !

OSCAR - Qui parmi vous connaissait Irma Santos ?

JEANNE - Vous ne croyez pas que je fréquentais ce genre de personne ?!

OSCAR - Que lui reprochez-vous ?

JEANNE - Non, je préfère me taire.

OSCAR - Moi j'aimerais mieux vous écouter.

MAGUY - Parle ! Lâche ta bile ! D'habitude, tu ne demandes que ça.

JEANNE - Toi, on ne t'a rien demandé.

OSCAR - Un peu de patience, ça va venir…

SABINE - Veuillez excuser mes deux sœurs, commissaire. Elles sont vives de caractère et se frictionnent facilement mais c'est sans gravité.

OSCAR - Tout compte fait, je goûterais volontiers à cette délicieuse poire.

SABINE - Oh ! je vais vous accompagner pour que vous ne soyez pas gêné.

DOROTHÉE - Dites-moi, découvrir un cadavre doit toujours être un choc brutal, non ?

OSCAR - Je vous concède qu'une tête explosée, ce n'est pas joli à voir.

DOROTHÉE - Une tête explosée… Une poire, vite !

Sabine assure le service. On peut s'apercevoir qu'elle boit facilement.

PAULINE - J'avais tout faux ! Je croyais qu'un policier n'avait pas le droit de boire pendant le service ?

OSCAR *(buvant)* - Tout à fait exact. Il y a des règlements absurdes.

SABINE - Nous fabriquons depuis quatre générations. C'est Dorothée qui en a la responsabilité.

OSCAR - Elle est fameuse !

DOROTHÉE - Commissaire, vous allez me faire rougir !

JEANNE - Commissaire, nous n'avons pas encore compris l'objet de votre démarche auprès de nous ?

OSCAR - En fouillant dans le tiroir-caisse, j'ai trouvé un chèque et du liquide. Ce qui tente à prouver que ce meurtre n'est pas crapuleux.

SABINE - Pas de vêtements de valeur disparus dans la boutique ?

OSCAR - Non. Ni les bijoux et objets précieux qu'elle possède chez elle n'ont pas plus été dérobés. Dans ce tiroir-caisse donc, j'ai trouvé un chèque signé Maguy Martin.

MAGUY - Cela confirme ce que je viens de vous dire.

OSCAR - Mais pourquoi le chéquier reprend votre nom de jeune fille ?

MAGUY - Je suis divorcée depuis quatre ans. J'ai vécu maritalement vingt-deux ans. Et mon ex-époux vient d'être enterré, la semaine dernière.

DOROTHÉE - Oh là là ! Une merveilleuse cérémonie fort émouvante : les grandes orgues qui vous donnent la chair de poule. Ah ! vous avez raté, commissaire !

OSCAR *(à Maguy)* - Mes sincères condoléances. Vous devez être encore bouleversée.

MAGUY - Pas du tout ! Je suis une veuve joyeuse. Nous étions fâchés.

DOROTHÉE - Un abruti ! Je ne vous raconte pas ! Le foot, les bagnoles : il n'y a que ça qui l'intéressait ! Heureusement, il avait du fric. Ça compense !

OSCAR - Je suis venu à vous, en espérant glaner quelques renseignements sur cette Irma Santos. Apparemment, vous seriez la dernière personne à l'avoir côtoyée…

MAGUY - Ah ! ce n'est pas très bon pour moi, ça !

JEANNE - Ma chérie, nous sommes de tout cœur avec toi !

MAGUY - Sale punaise !

SABINE - Infernales ! Excusez-les, commissaire.

OSCAR - La jeune vendeuse, Mlle Moulinet, a quitté la boutique à midi pile. Sur place, il ne restait plus que vous et Mme Santos. À quatorze heures trente, en poussant la porte, la petite Moulinet a trouvé sa patronne gisante… Le drame s'est déroulé pendant ces deux heures trente de battement.

DOROTHÉE - J'ai la même déduction que vous !

JEANNE - Cette Mlle Moulinet, vous ne la soupçonnez pas ?

OSCAR - Je ne soupçonne personne encore. Je n'ai pas pu réussir à interroger cette jeune vendeuse, elle ne cesse de sangloter.

DOROTHÉE - Moi, je découvre un crime aussi effroyable, plouf ! dans les goldens !

OSCAR - On m'a rapporté que Mme Santos habitait cette ville il y a vingt-cinq ans.

SABINE - Oui. À l'époque, elle était mannequin.

MAGUY - Enfin, elle prétendait l'être. Elle ne comblait pas souvent les revues de mode de sa plastique irréprochable.

SABINE - Elle a même passé le concours pour devenir Miss Seine-et-Marne !

DOROTHÉE - Comme moi ! Enfin, je veux dire, je me suis aussi présentée dans les locaux de Miss Seine-et-Marne… comme secrétaire ! Ils m'ont recalée !

PAULINE - Irma Santos est réapparue il y a un an et, pour les fêtes de fin d'année, elle a ouvert une boutique fort élégante.

OSCAR - À l'époque elle était partie sur un coup de tête ?

SABINE - On ne quitte jamais la ville de sa jeunesse sans de bonnes raisons…

JEANNE - Vous voulez la vérité ? Moi, je vais vous la dire. Une garce ! C'était une garce ! Elle a dû fuir sans laisser d'adresse. Elle couchait avec plein d'hommes. Sa situation devenait intenable, la plupart étant mariés. Vous imaginez les nombreux scandales ! Les épouses la vomissaient, les bonshommes, jaloux entre eux, se cognaient dessus et elle, elle pavanait, elle rigolait ! Seulement, un jour, l'un de ses amants l'a menacée. Elle a pris peur, elle a dû plier bagages et carapater ailleurs. Voilà le passé peu glorieux de cette saleté !

OSCAR - Bien. Votre exposé a le mérite d'être clair, à défaut d'être tendancieux. Vous êtes donc les cinq sœurs nées Martin. Dorothée, Jeanne, Maguy, Pauline et Sabine. Quatre sont veuves, la cinquième n'a jamais été mariée.

DOROTHÉE - Devinez qui ?

PAULINE *(après un temps)* - C'est moi.

OSCAR - Je sais.

SABINE - Ah bon ! Vous semblez extrêmement renseigné sur nous toutes…

Le portable d'Oscar sonne.

OSCAR - Vous permettez ? *(Il s'éloigne pour répondre à l'abri des oreilles indiscrètes.)* Oui, j'écoute… (…) Ah ! c'est toi, chéri… (…) Non, je ne peux pas te parler, je suis en entretien. (…) Comment ? (…) Tu prépares un magret aux ananas ? C'est une excellente idée. Tu le réussis si bien… (…) Bon, je te laisse, j'ai… (…) Oui, c'est entendu. (…) Écoute, je bosse ! Tu me lâches un peu ! (…) Oui, je t'aime passionnément ! Salut ! *(Il coupe la communication et revient vers les sœurs Martin.)* Veuillez m'excuser. Euh… le laboratoire, pour des tests…

PAULINE - Concluants, vos tests ?

OSCAR - Je serai fixé autour des vingt heures.

SABINE - Commissaire, pourquoi nous ?

OSCAR - Que voulez-vous dire ?

SABINE - Pourquoi êtes-vous venu sonner à la porte de la maison de Pauline ? Elle se trouve à trois cents mètres de la maison du crime. Logiquement, vous auriez dû interroger les voisins les plus proches, il me semble ?

OSCAR - Mon adjoint officie actuellement.

MAGUY - C'est à cause de moi ? La dernière cliente…

OSCAR - Possédez-vous une arme à feu ?

MAGUY - Désolée. Ni mes sœurs, d'ailleurs.

DOROTHÉE - Moi, si ! Je possède un superbe pistolet-briquet. Cadeau d'un ancien soupirant qui cherchait à m'allumer ! J'ai gardé le briquet, il m'a gardée dix minutes !

SABINE - Commissaire, vous n'avez pas répondu à ma question.

OSCAR - Je débarque du Quai des Orfèvres. À peine un pied dans la boutique, les premières investigations entreprises, la découverte du chèque, aussitôt on m'a entretenu des sœurs Martin. Vous avez une certaine réputation en ville.

PAULINE - Notre grand-père a été député-maire.

JEANNE - Un homme formidable qui se dévouait sans compter pour tous ses administrés. Un exemple !

OSCAR - On sait que tous les jeudis après-midi, depuis des années, vous vous réunissez toutes les cinq pour jouer aux cartes.

JEANNE - La belote, le rami, le bridge, le poker ! On se défoule !

PAULINE - Pas moi ! J'en ai marre de tous ces jeux pantouflards, vous ne pouvez pas savoir ! Six années que je joue comme un automate ! Ça ne m'a jamais intéressée.

SABINE - La meilleure ! Tu nous déclares ça aujourd'hui, comme ça… Et devant le commissaire…

DOROTHÉE - Elle passe aux aveux !

PAULINE - Je n'allais pas des heures durant vous regarder comme une potiche ! C'est pire !

DOROTHÉE - Le vrai plaisir, monsieur Oscar… Oh ! votre prénom, je le trouve génial ! Vous permettez que je vous appelle monsieur Oscar ?

OSCAR - Commissaire Berthomieu, je préfère.

DOROTHÉE - J'ai un ami Américain assez farfelu qui s'appelle Oscar. Ah ! les Américains, ils ont une séduction ! Je les adore !

OSCAR - Moi aussi…

SABINE - Dorothée, tu ennuies le commissaire avec tes bavardages.

DOROTHÉE - Le vrai plaisir, je vous disais, c'est de se retrouver toutes les cinq pour papoter et boire une tasse de darjeeling.

JEANNE - La famille, il n'y a que ça de vrai !

PAULINE - Nous sommes unies comme les cinq doigts de la main.

SABINE - Commissaire, nous ne sommes pas nées de la dernière pluie, alors je me répète, pourquoi nous ?

OSCAR - Bien. Vraisemblablement, Mme Santos a vu son assassin arriver dans la rue et a pressenti un danger immédiat. Elle a griffonné vite fait un nom sur un bout de papier qu'elle a tenu serré dans le creux de sa main droite.

JEANNE - Un papier griffonné, vous dites ?

OSCAR - Nous avons eu le plus grand mal à l'extraire de sa main bloquée.

SABINE - Et ce nom a un rapport avec nous ?

OSCAR - Il y est inscrit le mot « Martin ».

DOROTHÉE *(ahurie)* - Martin comme Martin ? Comme nous toutes ?

Toutes les femmes sont stupéfaites et se regardent entre elles.

JEANNE - Le nom est courant, familier. On en trouve partout.

OSCAR - Oui. Mais dans votre ville, il n'y a que les cinq sœurs Martin. C'est assez troublant, vous ne trouvez pas ?

JEANNE - Là, on n'y coupe pas ! C'est le plongeon vertical ! Nous sommes devenues « suspects » !

DOROTHÉE *(affolée)* - On va nous mettre en prison ?

SABINE - Pas tout de suite. Une enquête fonctionne par étapes.

DOROTHÉE - Mais je n'ai rien fait de mal, moi !

OSCAR - Votre sœur vous effraie inutilement. Il n'est pas question de vous arrêter. Je souhaiterais simplement interroger chacune d'entre vous sur son emploi du temps entre douze heures et quatorze heures trente.

Le portable d'Oscar sonne.

OSCAR - Un instant. *(Il s'éloigne, venant au devant de la scène, et répond.)* Allô ! (…) Comment ? (…) Tu me déranges parce que tu n'as pas trouvé de l'ananas frais ? Achète de la mangue, des pêches, je ne sais pas, moi !… Ou de la poire, tiens ! *(Excédé.)* Mais oui, je t'aime passionnément mon Jérôme ! *(Il coupe la communication et revient vers les cinq femmes, tout sourire.)* Alors, mesdames, avons-nous réfléchi à un bon alibi ?…

NOIR
Courte musique

Scène 2

Retour lumière.
Sabine, Jeanne et Dorothée discutent.

DOROTHÉE - Comment le trouvez-vous ?

SABINE - Qui ça ?

DOROTHÉE - Oscar ! Oscar Berthomieu !

SABINE - Envahissant.

DOROTHÉE - Non, mais physiquement ?

JEANNE - Quelconque.

DOROTHÉE - Des « quelconques » comme lui, on les cherche en ville. Je lui trouve beaucoup de classe.

SABINE - Ma chérie, j'espère que tu n'es pas dupe de ton âge ?

DOROTHÉE - Et alors ? Lorsqu'on se fait opérer de la cataracte, c'est pour mieux admirer toutes les merveilles de la nature, non ?

JEANNE - Que penses-tu de la situation ?

SABINE - Ma main à couper que ce séduisant commissaire soupçonne l'une d'entre nous d'être la meurtrière.

DOROTHÉE - Tu crois vraiment ?

SABINE - Ça ne fait pas un pli !

DOROTHÉE *(dans un cri)* - Je suis innocente !

JEANNE - Rassure-toi, il y a longtemps que l'on est fixé !

DOROTHÉE - Pourquoi dis-tu ça ?

JEANNE - Je te taquine. Dis-moi, Sabine, que faisais-tu entre douze et quatorze heures trente ?

SABINE - Tu mènes ta propre enquête ? D'abord, tu le sais bien. Pauline, toi et moi avons déjeuné ensemble de bonne heure. J'ai eu un léger coup de fatigue, je suis allée m'allonger sur le lit de Pauline.

JEANNE - Il était une heure dix.

SABINE - Peut-être. Je n'ai pas un œil rivé en permanence sur ma montre.

JEANNE - La chambre de Pauline se situe au rez-de-chaussée, avec une fenêtre très facile à escalader pour aller faire un petit tour…

SABINE - Je n'apprécie pas du tout ce genre d'insinuations…

JEANNE - Berthomieu va trouver ton alibi très, très léger.

SABINE - Je dormais ! Je dormais ! Ça suffit !

JEANNE - Tu es peut-être somnambule ? Un aller-retour jusqu'au centre-ville doit prendre au maximum une demi-heure, non ?

SABINE - Tu m'accuses d'avoir attenté à la vie de cette Irma Santos ?

JEANNE - Moi, non. Mais notre flic doit avoir moins de scrupules.

DOROTHÉE - C'est épouvantable !

SABINE - Ne t'inquiète pas pour moi, Dorothée. Toute ma vie, j'ai fait front à l'adversité et ce n'est pas aujourd'hui que je vais baisser les bras.

DOROTHÉE - C'est épouvantable, parce que moi je suis comme toi, je ne peux pas justifier mon emploi du temps.

SABINE - Allons ! Tu viens de déjeuner avec ta copine Nadine à « La belle marinière ». Tu as trente personnes au moins pour témoigner.

DOROTHÉE - Mais non ! Nadine a annulé le repas. Elle est clouée au lit avec une fièvre de cheval. Je suis restée seule chez moi. Oh ! je me suis préparé un fameux steak tartare aux trois poivres !

JEANNE - C'est certain que le steak tartare ne pourra pas témoigner en ta faveur !

DOROTHÉE - Vous savez que je le prépare divinement ? C'est Oscar, mon ami de New York, qui un jour m'a…

SABINE *(la coupant)* - Dorothée, tu radotes ! Vingt fois déjà tu nous as raconté cette anecdote.

JEANNE - Voulez-vous que je vous dise ? Le temps va se gâter.

DOROTHÉE - Ils annoncent de la pluie ?

JEANNE - Je parle au figuré. Nous avons toutes été occupées de façon isolée. Le commissaire, malgré ses apparentes manières doucereuses, ne va pas nous lâcher. Comme des proies !

SABINE - On dirait que cela t'amuse de nous faire peur.

JEANNE - Je suis souvent la plus lucide de nous cinq. Avec ce personnage faussement débonnaire, inquisiteur, on peut s'inquiéter. Croyez-moi.

DOROTHÉE - Inquisiteur ou pas, moi il ne me terrifie pas. Vous avez vu sa bouche ? Il doit embrasser comme un dieu, cet homme-là ! « Oscar chéri », ça sonne bien à l'oreille !

SABINE - Arrête de l'appeler « Oscar ». Tu es ridicule.

JEANNE - Bon, je vais récupérer le jeu de cartes. Nous n'allons pas changer nos bonnes habitudes pour une salope de moins sur terre !

Jeanne sort. Dorothée boude.

SABINE *(à Dorothée)* - Tu fais la moue ? Tu m'en veux ? *(Elle l'embrasse tendrement sur la joue.)* Parce que je t'ai dit que tu radotais un peu ? Tu te répètes, tu affabules, tu dis n'importe quoi… de plus en plus… mais on t'aime aussi de plus en plus !

DOROTHÉE - Enfonce davantage le clou !… J'ai soif. On manque d'eau minérale.

SABINE - J'y vais. Pour me faire pardonner.

Sabine sort. Dorothée reste seule.

Le portable d'Oscar sonne.

DOROTHÉE - Le portable d'Oscar ! Il l'a oublié. Je réponds ou je ne réponds pas ?… Il faut savoir rendre service. *(Elle répond.)* Allô ! (…) Non, non, ce n'est pas lui. (…) Je ne peux pas le déranger, il est dans la chambre voisine, il s'occupe de ma sœur… (…) Oui… (…) Oui, je lui ferai la commission. (…) Je vous en prie. *(Elle coupe la communication.)* Charmant. Tout à fait charmant.

Dorothée pose l'appareil sur la table. Jeanne entre.

JEANNE - On t'a laissée toute seule ?

DOROTHÉE - Apparemment, ma conversation fait fuir. C'est vrai que je deviens timbrée ?

JEANNE - On dirait que tu le découvres… Mais non, tu es extravagante ! Ça fait un bien fou ! Moi, par contre, avec ma langue acérée, je me suis constitué un paquet d'ennemis.

DOROTHÉE - Oui, mais toi, la vie ne t'a pas épargnée.

JEANNE - Comme tu dis ! J'ai eu ma part de déconfitures. Passionnée par les arts, privilégiant la peinture, je tombe raide amoureuse d'un artiste maudit qui n'a pas vendu une seule toile de toute sa vie ! J'ai trimé pour nous deux pendant vingt ans ! Ma récompense : un jour de printemps, il rencontre une blonde siliconée de vingt-deux balais, lui exécute son portrait et part avec les deux sous le bras !

DOROTHÉE - Un malfaisant !

JEANNE - Et à partir de cette époque, monsieur commence à vivre de sa peinture et à avoir du succès ! Écœurant !

DOROTHÉE - Remarque, leur liaison n'a pas duré longtemps. Quatre années plus tard, il est parti d'un infarctus.

JEANNE - Trop de cœur à l'ouvrage, sans doute ! En attendant, qui touche son assurance-vie ? La petite conne !

DOROTHÉE - Et ta collection de copies de tableaux, tu en es à combien ?

JEANNE - Pas loin de trois cents. J'en suis très fière. Et quand la poisse vous tient… J'ai vécu aussi quatre dépôts de bilan de sociétés ! Qu'est-ce que j'ai pu me marrer dans ma chienne de vie !… Enfin !… Dis-moi, Berthomieu cuisine qui en ce moment ?

DOROTHÉE - Pauline. Pourvu qu'il ne la bouscule pas trop ! Moi, il peut ! *(Elle rit.)* Je ne demande que ça avec lui !

JEANNE - Tu as des soupçons, toi ?

DOROTHÉE - Des soupçons ?

JEANNE - Ton Oscar pense que l'une d'entre nous cinq est coupable, alors qui ?

DOROTHÉE - Je peux te répondre.

JEANNE - Sans blague ! Tu sais qui ?

DOROTHÉE - Oui. Comme ce n'est pas moi, par déduction, c'est l'une de vous quatre. Mais j'ignore laquelle.

JEANNE - Bravo ! Question psychologie, tu es redoutable.

DOROTHÉE - Ce que je voudrais surtout connaître, c'est le motif.

Pauline entre.

JEANNE - Saine et sauve ! Ouf !

PAULINE - Il faut bien l'avouer, il est extrêmement sympathique ce commissaire.

DOROTHÉE - Vous avez vu ses yeux bleu Caraïbes ? Il y a de quoi devenir dingue !

PAULINE - Courtois, délicat, mais il est redoutable. Il enregistre le moindre mot que tu dis et n'hésite pas à revenir sur une phrase que tu as prononcée dix minutes plus tôt si elle l'interpelle à nouveau.

DOROTHÉE - Enfin, toi, tu as pu te disculper puisque tu as dû jacasser toute l'après-midi avec Jeanne.

PAULINE - Pas du tout. Jeanne a voulu travailler dans le jardin, elle est revenue très tard. Moi, je me suis occupée de la vaisselle puis j'ai bouquiné le dernier Van Cauwelaert.

DOROTHÉE - Je l'ai lu ! Extra ! C'est la cousine de province qui est responsable du carnage.

PAULINE - Sympa ! Merci pour le suspense ! *(Maguy réapparaît.)* Ah ! Maguy ! Figure-toi que Berthomieu a passé un coup de fil : il veut faire examiner ton manteau.

DOROTHÉE - Il a deux portables, alors ! Il a laissé l'autre sur la table.

MAGUY - Qu'est-ce qui lui prend ? En voilà une idée !

PAULINE - Il a déniché trois fines taches rouges dans le bas de ton habit.

JEANNE - C'est bizarre, ça. Très bizarre.

MAGUY - Quoi ? Qu'est-ce qui est bizarre ?

JEANNE *(moqueuse)* - De vendre un manteau de cette qualité avec trois taches apparentes ! Elle t'a fait un prix, j'espère…

MAGUY - De quoi je m'occupe ?

PAULINE - Un expert doit venir le prendre.

MAGUY - Alors je vais rentrer chez moi tout à l'heure sans vêtement sur le dos ? Il est incroyable ce policier !

PAULINE - Je peux te prêter l'une de mes vestes.

MAGUY - Non, non. Nous n'avons pas les mêmes goûts.

PAULINE - Nous n'avons surtout pas les mêmes moyens.

DOROTHÉE - Les taches sur le manteau, si ça se trouve c'est du sang ! Du sang de la victime !… Maguy, c'est pas vrai, c'est pas toi ? Ce n'est pas possible !

JEANNE - Et pourquoi ça ne serait pas possible ?

PAULINE - Ne nous emballons pas. Attendons l'expertise… *(À Maguy.)* Tu ne dis rien, tu ne réagis pas !

MAGUY - Je ne me sens pas mise en cause. Et pourquoi ne s'agirait-il pas de taches de friandises par exemple ? La grosse Irma se gavait de gâteaux à la framboise !

DOROTHÉE - C'est très crédible ce que tu dis.

MAGUY - Et puis, vous m'agacez ! Je n'ai pas à me justifier.

Sabine entre avec un plateau.

SABINE - De l'eau minérale et du jus de pamplemousse pour tout le monde. Chacun se sert.

DOROTHÉE - Je suis très déçue.

SABINE - Écoute, la prochaine fois, tu apporteras la boisson de chez toi !

DOROTHÉE - Non, c'est pas à cause de ça… Mais j'avais prévu d'aller au cinéma à la séance de dix-huit heures trente. Je crois que c'est râpé !

PAULINE - Tu voulais voir quoi ?

DOROTHÉE - Bambi ! Ou le dernier Brad Pitt !

JEANNE - L'éternelle midinette !

PAULINE - Attends, j'en ai entendu parler… « Le pâtissier amoureux »… Non ! « Le tapissier amoureux » !

DOROTHÉE - Il paraît qu'on le voit nu la moitié du film ! Le cinéma permanent c'était le bon temps !

SABINE - On va finir par croire que tu es une obsédée sexuelle !

DOROTHÉE - Oh ! il faut que je vous raconte ! L'autre jour, au Mercury-Palace, un homme très séduisant m'a abordée. Authentique !

SABINE - Mais nous savons. Tu as téléphoné à chacune d'entre nous pour raconter ton incroyable aventure.

DOROTHÉE - Alors ça se confirme : je deviens sénile !

SABINE - Mais non ! En tout cas, ma chérie, si un jour tu dois partir en maison de repos, je te promets que nous la choisirons avec de charmants vieux messieurs !

DOROTHÉE - Ça va ! Ça va ! Le type du cinoche, il n'avait pas cinquante ans. La tranche d'âge que je préfère !

JEANNE - Et t'as voulu t'en payer une « tranche » ! Raconte ! Moi, je ne suis pas dans la confidence !

DOROTHÉE - Voilà… Un beau brun m'a abordée et…

SABINE *(la coupant)* - Ce monsieur t'a simplement demandé l'heure, ça ne voulait pas dire qu'il avait envie de passer l'heure qui suit en ta compagnie !

DOROTHÉE - N'empêche, nous étions nombreux et c'est à moi qu'il s'est adressé.

SABINE - Cela prouve simplement que tu as une tête à donner l'heure !

On sonne à la porte. Aussitôt, Oscar apparaît.

OSCAR - Ne vous dérangez pas, c'est pour moi.

MAGUY - Justement, commissaire, je souhaiterais une explication au sujet de… *(Oscar s'est éclipsé sans écouter Maguy.)* Quel mufle !

DOROTHÉE - Tu dis ça mais ce n'est pas à tout le monde que l'on demande l'heure.

SABINE - La barbe !

PAULINE - Dorothée, tu es pénible.

Oscar réapparaît.

OSCAR - Dorothée Martin, je vous prierais de m'accompagner.

DOROTHÉE - Tout de suite ! Où vous voulez ! Ça se passe où ?

OSCAR - Je continue mes interrogatoires dans la pièce voisine. Auriez-vous l'amabilité de me communiquer l'heure ? Ma montre s'est arrêtée.

DOROTHÉE *(se retournant vers ses sœurs)* - Vous avez entendu, les bêcheuses ? Qui avait raison ? On ne demande pas l'heure à n'importe qui. *(À Oscar.)* Il est dix-sept heures trente, monsieur Oscar… À propos, votre portable est resté sur la table.

OSCAR - Je vous remercie. *(Il le récupère.)* Il y a deux fonctions : les appels téléphoniques, mais il enregistre également toutes les conversations dans une pièce sur une durée de deux heures environ. Un outil très précieux.

PAULINE - C'est plutôt gadget, votre truc.

SABINE - D'une indiscrétion totale !

OSCAR - La technologie au service de la police. Très efficace, très instructif !

MAGUY - Mais là, vous le faisiez fonctionner ?

OSCAR - Évidemment ! Pourquoi je me gênerais ?

JEANNE - Permettez-nous de ne pas apprécier.

DOROTHÉE - Oscar, je me languis !

OSCAR - Vous, on se calme. Allons-y. *(Il pénètre dans la pièce voisine.)*

DOROTHÉE - Vous pouvez sortir les tricots, ça risque de prendre du temps !

Dorothée sort.

MAGUY - Tu le trouves vraiment courtois et élégant ?

PAULINE - Dans le propos. Ses méthodes le sont un peu moins.

SABINE - Je me demande ce que Dorothée va pouvoir lui conter.

PAULINE - Son passé. Ses souvenirs.

SABINE - Attends ! Son Albert avait fricoté avec Irma ou je me trompe ?

PAULINE - C'est vrai. La pauvre Dorothée pleurait toutes les larmes de son corps, à l'époque.

SABINE - Elle a même voulu se séparer de lui.

MAGUY - Pourtant Albert n'était pas un coureur.

PAULINE - Cette Irma l'avait envoûté.

SABINE - Je ne me souviens plus comment cette histoire s'est terminée…

PAULINE - Albert a rompu avec Irma quand Dorothée l'a menacé de prendre un avocat.

JEANNE - C'est faux !

PAULINE - Qu'est-ce qui est faux ?

JEANNE - Albert n'a jamais rompu.

SABINE - Qu'est-ce que tu en sais ?

JEANNE - Je les ai surpris, un jour, dans une auberge à cinquante kilomètres d'ici. Quand il m'a aperçue, il est resté comme pétrifié le cher homme.

MAGUY - Quelle coïncidence étonnante !

JEANNE - Pas de pot pour lui, tu veux dire. Il est venu me trouver le lendemain pour me supplier de ne rien révéler à Dorothée.

SABINE - Le saligaud !

MAGUY - Et tu as su tenir ta langue ?

JEANNE - Oui. Je devais changer de voiture, Albert m'a proposé de me dépanner financièrement.

SABINE - Tu as accepté ?

JEANNE - Avec enthousiasme. J'étais dans une sacrée mouise. Je n'avais pas les moyens de remplacer ma voiture pourrie et j'évitais un gros chagrin à ma sœur. Il fallait être crétine pour refuser, non ?

SABINE - Ça se discute.

JEANNE - Je n'ai pas discuté. Deux années plus tard, j'ai remboursé Albert. Ça faisait quelques mois que son élixir d'amour peinturluré avait pris le maquis avec perte et fracas.

PAULINE - Tu crois que Dorothée ne s'est plus aperçue de rien ?

JEANNE - Lorsque Albert lui a juré qu'il avait cessé toute relation avec elle, Dorothée n'a plus versé une larme. Mais ses rapports avec lui ont radicalement changé, jusqu'à sa mort brutale en se noyant dans un lac.

SABINE - Elle si douce se montrait parfois avec lui presque agressive.

PAULINE - Sous ses airs de fleur bleue, Dorothée cache un orgueil démesuré. Vous ne l'aviez jamais remarqué ?

MAGUY - Si ça se trouve, l'humiliation qu'elle a subie, elle ne l'a peut-être jamais pardonnée à Albert…

SABINE *(après un temps)* - Tu laisses entendre que…

MAGUY - Rien du tout ! Mais en pareille situation, il y a des femmes qui se vengent même des années plus tard.

PAULINE - Dorothée, une meurtrière ? C'est impensable !

MAGUY - Je ne sais pas. Autrement, qui a tué ?

JEANNE *(après un temps)* - En accusant Dorothée, ça arrange bien tes affaires.

MAGUY - Comment ?

JEANNE - Les trois petites taches rouges, on les enterre un peu trop vite, à mon avis.

PAULINE - Je vais même plus loin dans la pensée de Jeanne. Pourquoi ne pourrait-on pas envisager que pour une raison ou une autre, tu sois repassée un peu plus tard chez Irma Santos ? Ça te la coupe, hein ?

MAGUY *(hurlant)* - Pur mensonge !

PAULINE - Pourquoi tu t'énerves tout d'un coup ? Tu répands le trouble sans complexe, toi !

MAGUY *(éclatant en sanglots)* - Bandes de vaches ! Quel plaisir immense ça serait pour vous si vous appreniez ma culpabilité, hein ? La plus riche des frangines, toujours trop gâtée par la vie et qui va prochainement récupérer une fortune !

SABINE - La loi stipule qu'une meurtrière reconnue est automatiquement flouée de tout héritage.

JEANNE - Et l'argent est automatiquement reversé aux proches de la famille, c'est-à-dire nous. C'est une excellente nouvelle, ça !

MAGUY - Tu peux toujours te brosser ! Vipère !

Oscar apparaît. Sabine se sert un verre d'alcool de poire qu'elle avale d'un trait.

OSCAR - Il y a un problème ? Vous croyez que c'est facile de travailler avec un tel raffut ? Je vous demanderais de baisser la voix.

JEANNE - Y'en a marre ! Vous ! Votre crime ! Vos questions ! Vous semez le désordre dans nos têtes ! Vous ne pourriez pas aller enquêter ailleurs ?

OSCAR - Je retiens l'idée pour mon prochain meurtre.

MAGUY - Commissaire, puis-je solliciter un entretien privé? C'est très important.

OSCAR - Restons dans cette pièce. Je vous prierais à toutes de retrouver votre sœur Dorothée. Je viendrai vous rechercher. Et merci de ne pas hausser le ton !

JEANNE *(moqueuse)* - Hein? Qu'est-ce que vous dites? Vous nous excusez, commissaire, mais en raison de notre grand âge, nous avons quelques problèmes avec l'ouïe.

SABINE *(jouant le jeu, l'alcool faisant son effet)* - Ah! Louis! Louis! C'était le prénom de mon troisième mari! Un être exquis, divin! *(Elle se ressert de l'alcool.)* Je lève mon verre à sa mémoire !

PAULINE - Oui, eh bien, lève un peu moins ton verre, ça serait préférable.

SABINE - Je fais honneur à notre cuvée maison !

Dorothée réapparaît.

DOROTHÉE - Alors, je reste en carafe, moi? Qu'est-ce qui se passe?

OSCAR - Quelle pagaille! Silence! *(À Sabine.)* Vraiment, vous avez été mariée à trois reprises?

SABINE - Oui. Et j'ai refusé plus de quinze prétendants dont un prince oriental qui voulait me couvrir d'or! Vous ne me connaissez pas, commissaire, mais j'ai eu une vie très brillante. Il y a quelques années, j'étais reconnue comme une reine du flamenco! *(Elle prend une pose avec les bras et claque des chaussures.)* Olé!… On m'a applaudie sur toutes les grandes scènes internationales : Paris, Londres, New York, Budapest…

DOROTHÉE *(hilare)* - Joinville-le-Pont !

PAULINE - Tu étais éblouissante! *(Elle se précipite vers un lecteur de cassettes et le met en marche.)* Tu te souviens de cet air-là? On s'éclatait comme des folles !

Aussitôt Sabine se lance au milieu de la scène et exécute quelques mouvements de flamenco rythmé. Dorothée, Jeanne, Maguy et Pauline la rejoignent dans un numéro joyeux avec claquements de chaussures et quelques cris d'ambiance. Un numéro très animé. La musique stoppe. Oscar va arrêter l'appareil. Les sœurs sont surexcitées et se congratulent.

SABINE - Nous avons gardé une pêche !

DOROTHÉE - Nous ne sommes pas complètement rouillées !

PAULINE - Ça rappelle le bon temps !

SABINE - Vous ne savez pas quoi ? Cela m'a donné soif !

PAULINE - Au frais, il y a du champ'… Non, pour toi, il y a du Champomy !

OSCAR *(furieux)* - Stop ! Insensé ! C'est la première fois de toute ma carrière que je vois ça. Je ne sais pas si vous êtes au courant, je mène une enquête criminelle. *(Il sort un sifflet de sa poche et s'exécute. Les sœurs, qui continuaient à papoter plus bas, sursautent.)* Vous êtes incroyables !

DOROTHÉE - Nous avons toutes un grain, mais d'habitude ce n'est pas pour déplaire à un poulet !… Oh ! pardon monsieur Oscar !

OSCAR *(à Maguy)* - Vous souhaitiez me faire des révélations ? *(Aux autres.)* Mesdames, je ne vous retiens pas. Et le silence absolu dans la pièce voisine !

SABINE - Vous avez du scotch ? Je veux dire, un rouleau de scotch ?

JEANNE - Nous sommes de trop ! On nous exile ! On nous cloître !

OSCAR - Très provisoirement. Allez, on se dépêche !

DOROTHÉE - Quelle autorité virile ! J'adore !

Dorothée, Jeanne, Sabine et Pauline sortent. Un temps.

OSCAR - Quelle famille ! Alors, vous me faites des cachotteries ?

MAGUY - Je ne vous ai pas tout dit par pure crainte.

OSCAR - La crainte de quoi ? La crainte de qui ?

MAGUY - Les révélations que je vais vous faire peuvent être lourdes de conséquences pour moi… Je suis revenue à la boutique, un peu avant quatorze heures trente…

OSCAR - Tiens donc ! Poursuivez.

MAGUY - J'ai demandé à Mme Santos de raccourcir les manches de mon manteau. Elle a accepté de le reprendre pendant l'heure du déjeuner. Je tenais absolument à l'exhiber devant mes sœurs. Je sais, ça manque d'humilité.

OSCAR - Ensuite ?

MAGUY - Il était quatorze heures vingt, en vérité. Je trouve la porte entrouverte, Irma Santos doit s'affairer. Je pénètre à l'intérieur, tout de suite je la découvre allongée sur le sol. Je la crois évanouie. Je me rapproche d'elle, je comprends la situation. Du sang a giclé partout. Je ne vous raconte pas comme les battements de mon cœur se sont accélérés. Le vêtement se trouve sur une chaise. J'avoue, j'ai paniqué. J'ai saisi mon manteau, je me suis précipitée dehors en claquant la porte. Voilà. Je me suis confiée à vous, peut-être à tort.

OSCAR - Vous avez eu raison de vous confier. Notre médecin légiste m'a confirmé que les taches de sang appartiennent au rhésus de Mme Santos. Et nous avions relevé vos empreintes sur la poignée de la porte d'entrée.

MAGUY - J'aurais dû y penser… Vous comptez m'arrêter ?

OSCAR - Pourquoi ? Vous savez, l'intérieur d'un commissariat de police a très peu d'attraits touristiques…

MAGUY *(souriante)* - Je vous remercie.

OSCAR - Vous m'avez tout dit, cette fois-ci ?

MAGUY - Non.

OSCAR - Vos déclarations arrivent vraiment au compte-gouttes.

MAGUY - Je suis gérante d'une agence immobilière.

OSCAR - Vous faites de bonnes affaires ?

MAGUY - Excellentes ! *(Elle se rend vers la porte menant dans les pièces voisines et tend une oreille, puis revient face à Oscar.)* Dramatiques ! Je suis à deux doigts de mettre la clé sous la porte. Je compte cesser mon activité professionnelle prochainement. Mais chut ! Mes sœurs sont dans l'ignorance totale.

OSCAR - Où voulez-vous en venir ?

MAGUY - C'est moi qui ai rédigé le bail de la boutique de Mme Santos, où se rajoute un appartement au premier étage. Je n'ai pas pu refuser, vous le comprenez bien. Depuis, elle ne se montrait pas désagréable, m'octroyant des rabais sur chaque achat, comme le manteau.

OSCAR - C'est tout ? Vous en avez terminé ?

MAGUY - Non… Oui…

OSCAR - Bien. Vos sœurs doivent s'impatienter, vous pouvez les prier de revenir.

Maguy se rend dans la pièce voisine. Oscar compose un numéro sur son portable.

OSCAR *(au téléphone)* - Allô ! (…) Oui, c'est moi. Que donnent tes premières investigations ? (…) Les commentaires du voisinage ? (…) Oui… (…) Fouille son appartement, chaque pièce minutieusement. Elle doit bien avoir rangé un agenda quelque part, dans un tiroir de commode peut-être ? Il doit reprendre des noms, des adresses utiles. Je souhaiterais connaître son emploi du temps de ces derniers jours… (…) Entendu. Tu me rappelles très vite. *(Il coupe la communication.)*

Ces dames réapparaissent.

DOROTHÉE - Commissaire, comment allez-vous depuis tout à l'heure ?

JEANNE *(désignant Maguy)* - Alors c'est elle ! Je l'aurais parié !

MAGUY - Pardon ?

SABINE - Tu as tout avoué ! Mais qu'est-ce qui s'est passé dans ta tête pour commettre un tel crime ? Un instant de folie ?

DOROTHÉE - T'as pas été d'accord sur le rabais du manteau ?

MAGUY - Mais vous débloquez toutes ou quoi ?

JEANNE - Je ne voudrais pas t'accabler mais tu as été lamentable !

SABINE - Tu as souillé l'honneur de la famille. Maintenant, nous allons être montrées du doigt dans tous nos déplacements !

MAGUY - Je n'ai pas tué Irma Santos ! Insiste et tu vas t'en manger une !

OSCAR - Ce serait regrettable. Mesdames, un peu de sang-froid !

DOROTHÉE - Ça, on est servi !

OSCAR - S'il vous plaît ! Votre sœur Maguy est à votre image pour le moment : innocente. Mes soupçons sont à parts égales entre chacune d'entre vous.

JEANNE - C'est gai !

SABINE *(à Jeanne)* - Mais j'y pense ! En parlant de parts, nous n'avons pas encore goûté à ta tarte aux fraises, ma chérie. *(À Oscar.)* Jeanne a un tempérament fougueux et des doigts de fée pour la pâtisserie.

DOROTHÉE - Ça, c'est vrai ! Je me régale à l'avance.

PAULINE - Je vais la chercher.

Pauline sort.

JEANNE - J'ai dû avoir un sixième sens, je l'ai coupée en six.

SABINE - Commissaire, à défaut de nourrir vos petites cellules grises…

OSCAR - Mais où je suis tombé là ?!

SABINE - On vous abreuve, on vous nourrit ! Plaignez-vous !

Pauline revient avec la tarte. Elle la dépose sur la table basse tandis que Jeanne prend dans le vaisselier assiettes et cuillères.

JEANNE - Ne soyez pas surpris, le jeudi nous fonctionnons uniquement avec des assiettes en carton. Marre de la vaisselle !

DOROTHÉE - Elle est superbe, je ne résiste pas. *(Elle devance ses sœurs et goûte à la tarte.)*

SABINE - Dorothée est la plus gourmande d'entre nous.

Soudain Dorothée s'étouffe, tousse, se sent mal.

MAGUY - Dorothée, ça ne va pas ?

SABINE - Mon Dieu ! Elle s'étouffe !

PAULINE - Elle a dû avaler un noyau !

JEANNE - Des fraises avec des noyaux ? Tu as vu jouer ça où, toi ?

OSCAR - Que personne ne touche à la tarte aux fraises !

SABINE - Il faut l'allonger !

PAULINE - Elle est rouge écrevisse !

JEANNE - On a balancé du poison dans ma tarte ! Qui ? Je veux savoir qui !

OSCAR - Je vais immédiatement la faire analyser.

DOROTHÉE *(émergeant)* - Mais laissez-moi tranquille ! Je ne suis pas à l'agonie.

PAULINE - Ouf! Elle récupère !

SABINE - Ça va mieux ? Qu'est-ce qui t'est arrivé ?

DOROTHÉE - Jeanne, ta tarte est immangeable. Tu as confondu le sucre avec le sel ! C'est la même couleur mais c'est pas le même goût !

JEANNE - Ce sont les mêmes boîtes ! Quelle andouille !

PAULINE *(lui tendant un verre de pamplemousse)* **-** Tiens, bois. Ça va faire passer.

JEANNE - C'est la première fois que cela m'arrive.

MAGUY - Tu devais être très préoccupée, sans doute.

JEANNE - Quand on ne sait pas cuire deux œufs sur le plat, on la boucle !

DOROTHÉE - Exactement ! Alors je la boucle aussi !

PAULINE - Nous sommes privées de dessert mais ça ne devrait pas faire de mal à notre ligne de jeune fille… sur le retour !

OSCAR - Jeanne Martin, je vous demande de me suivre.

JEANNE - Quoi ?! Vous allez me passer les menottes pour une tarte ratée ? C'est une machination ! On a voulu me compromettre !

OSCAR - Un ton en dessous. Je ne vous ai pas encore questionnée, c'est votre tour.

JEANNE - Pas devant elles.

OSCAR - Évidemment. Ensuite, je terminerai mes entretiens avec Sabine Martin. Nous passons dans la pièce voisine. J'aime le changement !

Jeanne sort, précédant Oscar.

SABINE - Alors, on attaque une partie de cartes ?

DOROTHÉE - Tu as le cœur à jouer, toi ?

SABINE - Il faut bien s'occuper. Avec Jeanne, il en a au moins pour deux heures, le pauvre homme.

Pauline - Tu exagères !

Maguy - Elle a raison. Une trop belle occasion pour Jeanne de pouvoir délier à l'infini son paquet d'amertumes !

Sabine - Ça m'étonnerait. Le commissaire l'aiguillera à l'essentiel. « Madame, que faisiez-vous en ce tout début d'après-midi ? »

Pauline - Elle s'est occupée du jardin pendant trois heures.

Sabine - Un jardin cerné entre quatre murs, à l'abri de tous les regards.

Maguy - Pas de veine !

Sabine - Je fais une constatation douloureuse : aucune d'entre nous n'a un alibi qui tient la route… Qu'allons-nous devenir ? *(Pauline la fixe intensément.)* Pourquoi me regardes-tu avec insistance ?

Pauline - Comme ça. Tu te souviens lorsque nous étions adolescentes et que nous nous rendions à la fête foraine ?

Sabine - Oui. Pourquoi ?

Dorothée - Oh là là ! Les crises de rire ! Le train fantôme, la chenille, le grand huit ! C'est dans une autotamponneuse qu'on m'a embrassée pour la première fois. Il a pris une de ces claques, ce garçon ! À l'époque, j'étais très farouche…

Pauline - Sabine, tu te rappelles ? Tu étais très forte au stand de tir. Tu adorais ça. On ramenait de grandes poupées hideuses à la maison. Maman était consternée.

Dorothée - C'est vrai que tu étais douée à la carabine. Pan ! pan ! Toujours dans le mille ! Tu abattais tout ce que tu voulais !

Sabine *(à Pauline)* - Ah ! je vois… Après la carabine, le pistolet. Je n'aurais pas raté ma cible. Deux pestes, voilà ce que vous êtes !

Pauline - Non, je ne voulais pas t'attaquer. Pardonne-moi. Je cherche, je cogite dans tous les sens. Je trouve insoutenable l'idée que l'une d'entre nous ait pu commettre ce geste abominable…

Un temps. Oscar réapparaît.

OSCAR - Mesdames, Jeanne Martin vient de se déclarer coupable du crime commis en la personne de Mme Irma Santos. Elle va m'accompagner à Paris. *(Son portable sonne. Il répond.)* Allô ! (…) Oui… (…) Ah ! c'est toi ! (…) Oui, tu peux allumer le four !…

Toutes le regardent, atterrées.

NOIR
Courte musique

ACTE II
Scène 1

Retour lumière. Le lendemain matin. La table basse est débarrassée. Pauline sort de la cuisine, traverse le séjour et se rend dans l'entrée. L'instant d'après, elle réapparaît avec Sabine et Maguy.

PAULINE - Des nouvelles ?

SABINE - Aucune.

MAGUY - Je n'ai pas fermé l'œil de la nuit. Toutes les heures, je consultais mon réveil. Je dois avoir une tête à frémir.

PAULINE - Je ne vois pas la différence.

SABINE - Ma chérie, on ne peut pas être et avoir été !

MAGUY - J'appréhende. J'ai rendez-vous avec mon banquier à seize heures pour une demande de découvert de compte.

SABINE - Tu as des soucis d'argent ?

MAGUY - Bien sûr que non ! J'ai de grands projets à discuter. Je… Je vous expliquerai plus tard.

PAULINE - Le commissaire m'a informée que Jeanne était retenue durant quarante-huit heures. Ensuite, elle risque d'être incarcérée puis jugée.

Sabine - C'est abominable ! Effrayant ! Comment a-t-elle pu ? *(À Pauline.)* Ma chérie, tu ne nous proposes pas l'apéritif ?

Pauline - Déjà ?

Sabine - Il est onze heures trente. C'est mon heure.

Pauline - Du guignolet, ça te va ?

Sabine - Tout ! Tout me va !

Pauline - C'est vrai qu'un bon remontant sera le bienvenu. Avec ou sans glaçon ?

Sabine - Jamais ! Ça altère le goût !

Pauline pénètre dans la cuisine.

Maguy - Méfie-toi, tu as une fâcheuse tendance à lever le coude depuis un certain temps.

Sabine - Pas remarqué.

Maguy - Tu es bien la seule.

Sabine - Bon, tu veux tout savoir ? Ta sœur a un problème de constitution physique. Son corps réclame une plus grande quantité de liquide que la plupart de ses contemporains, pas seulement en eau.

Maguy - Comment tu te soignes ?

Sabine - À l'appellation contrôlée ! Attends, je plaisante. En ce moment, j'ai un peu du vague à l'âme. La nostalgie tristounette. Alors je bois un peu plus, ça me rend moins cafardeuse.

Maguy - En plus, cette étrange histoire nous rend particulièrement fébriles.

Sabine - Ça ne colle pas !

Maguy - Qu'est-ce qui ne colle pas ?

Sabine - La culpabilité de Jeanne. Ça sonne faux. C'est un crime réfléchi, prémédité, une vengeance froide. Ça ne ressemble pas à

Jeanne qui rouspète, rue dans les brancards mais sans calcul. Son esprit n'est pas machiavélique.

Pauline réapparaît avec la bouteille d'alcool et des verres. Dorothée l'accompagne. Sabine et Pauline se servent un verre.

DOROTHÉE - Mesdames, il faut passer à l'offensive ! J'ai beaucoup réfléchi, je crois avoir trouvé une solution. Je me dévoue, je vais vamper Oscar ! Il faut que je réussisse à lui soutirer les vers du nez pour savoir ce qu'il peut advenir de Jeanne.

SABINE - Moi, je suis plutôt pour constituer un comité de soutien et lancer une pétition pour une libération immédiate ! Qu'en pensez-vous ?

MAGUY - L'immense aura de sympathie que dégage notre sœur ne peut que nous aider.

DOROTHÉE - Alors, je le vampe ou pas, Oscar ? Je vais le rétamer en deux battements de cils !

SABINE - Tu sais que tu es fatigante, parfois ?

On sonne.

PAULINE - C'est Balentini, le voisin. Je lui ai promis deux batavias.

Pauline sort.

SABINE - J'espère que Jeanne n'a pas passé une trop mauvaise nuit.

Pauline réapparaît.

PAULINE - Ce n'est pas Balentini mais le commissaire Berthomieu.

DOROTHÉE - Sympa ! Tu as troqué tes deux batavias contre un panier à salade !

Oscar entre.

OSCAR - Bonjour ! Il faut que je vous parle. Je suis très soucieux. Votre sœur Jeanne a un comportement qui m'échappe. Depuis hier soir, je réfléchis dans toutes les directions. Son geste est incompréhensible.

SABINE - Nous partageons totalement votre point de vue.

OSCAR - Votre sœur m'intrigue. Elle est fascinée par le côté médiatique que cette affaire criminelle va prendre. On va parler d'elle, ça la ravit. Comme une soif énorme de reconnaissance. Étonnant, non ?

MAGUY - Oui et non. Elle a tout raté dans sa vie. Aujourd'hui, elle devient un pôle d'attraction alors elle ressuscite ! C'est assez pathétique.

DOROTHÉE *(passant derrière elle)* - Peau de hareng !

MAGUY - Comment ?

OSCAR - Puis-je vous demander un verre d'eau minérale ?

PAULINE - J'aurais dû ouvrir un restaurant. Je me trouve très douée pour le service !

Pauline sort. Aussitôt, elle pousse un cri strident.

SABINE - Ce n'est rien. Notre amie souricette a dû faire une apparition surprise.

Pauline entre avec une bouteille d'eau minérale et des verres.

DOROTHÉE *(enjouée, à Sabine)* - Évidemment, toi qui as débuté comme petit rat de l'Opéra, les souris, tu ne crains pas !

Dorothée rit seule. Maguy la regarde, consternée.

MAGUY - C'est stupide ce que tu dis.

DOROTHÉE *(refroidie)* - Mais je suis stupide ! Je suis née stupide, j'ai grandi stupide, j'ai vécu stupide, je vieillis stupide. Une régularité exemplaire de vie.

MAGUY - Arrête ! Les gens vraiment stupides ne l'avouent jamais.

SABINE - Quand vous aurez terminé vos réflexions puériles… Ce que nous voulions vous dire, commissaire, l'existence de Jeanne fut une déroute complète. Depuis sa tendre enfance.

OSCAR - J'avais parfaitement saisi le sens de vos propos.

MAGUY - Ne vous méprenez pas, j'affectionne infiniment ma sœur Jeanne malgré tous ses énormes défauts.

OSCAR *(tout sourire)* - On ne s'y trompe pas… Une étrange idée m'a traversé l'esprit. Je me suis demandé si Jeanne ne s'était pas sacrifiée.

SABINE - Que voulez-vous dire ?

OSCAR - Elle se serait accusée pour protéger l'une d'entre vous…

PAULINE - Ça n'a aucun sens.

OSCAR - Je m'interroge. Est-ce qu'elle ne joue pas un double jeu ? Car, il faut l'avouer, la famille Martin est composée de fieffées menteuses.

SABINE - Mais vous nous insultez !

MAGUY - De quel droit ?

DOROTHÉE - Vous avez des preuves ?

PAULINE - Ça vide mon frigidaire et ça dénigre mon entourage !

OSCAR - Stop ! Ça suffit ! Continuez et je vous embarque toutes pour injures à un représentant de la loi dans l'exercice de ses fonctions. Vous commencez à m'échauffer les oreilles, je ne vous le cache pas. *(Son portable sonne.)* Une minute. *(Il s'éloigne pour répondre.)* Allô ! (…) Ah ! c'est toi… (…) Délicieux ! Il était délicieux ton magret à la banane… (…) J'ai mis beaucoup de temps à le manger ? Mais je savourais, morceau après morceau, banane après banane… (…) Oui, je poursuis mes interrogatoires. Elles sont coriaces ! (…) Moi aussi. Partout. *(Il coupe la communication puis se rapproche des sœurs Martin.)* Bien.

SABINE - Monsieur le commissaire, nous voudrions discuter avec Jeanne. Pouvons-nous aller la voir au commissariat ?

OSCAR - Je m'y oppose.

Sabine - Elle a besoin d'être soutenue. Commissaire, un peu d'indulgence !

Oscar - C'est inutile. N'ayant aucune charge lourde qui pèse contre elle et surtout pas ses aveux incohérents, j'ai demandé sa relaxe. Elle ne devrait pas tarder.

Dorothée - Bravo, monsieur Oscar ! Je savais que vous étiez plus finaud que mes sœurs le pensaient !

Oscar - J'apprécie beaucoup votre spontanéité !

Dorothée - Justement, il faut que je vous parle loin des oreilles indiscrètes !

Sabine - C'est nous les oreilles indiscrètes ? Merci pour la considération !

Maguy - Je le crois pas ! Dorothée nous joue les mystérieuses !

Pauline - Je sens un numéro de haute voltige !

Dorothée - Dégagez, les sisters !

Maguy, Sabine et Pauline quittent la pièce.

Oscar - Si vous pouvez faire court...

Dorothée - Monsieur Oscar, j'ai une confession douloureuse à vous faire : je ne suis plus vierge !

Oscar - Pardon ?

Dorothée - Enfin, je veux dire, j'ai un casier judiciaire.

Oscar *(sidéré)* - Vous ?

Dorothée - Moi ! J'ai été emprisonnée pour un détournement de mineur !

Oscar - Vous ?

Dorothée - Toujours moi ! Enfin, un mineur, plutôt un homme de trente-cinq ans...

OSCAR - Un faux mineur, quoi!

DOROTHÉE - Euh… en vérité, un mineur authentique. Il piochait le charbon au fond de la mine, dans le Nord.

OSCAR - C'est pas pareil!

DOROTHÉE - J'étais très mordue. Une passion dévorante. Quel homme! Mais quel salaud! Il était marié, quatre enfants. Je l'ignorais. Une sacrée désillusion!

OSCAR - Je ne vois pas où vous voulez en venir…

DOROTHÉE - Attendez! Sa femme avait deux frères, deux avocats. Ils m'ont chargée un maximum. À cause de mon mineur de fond, j'ai écopé de huit jours. À ma sortie, j'ai pris une grande décision.

OSCAR - Tirer un trait définitif sur l'amour?

DOROTHÉE - Ça va pas la tête!… Installer le chauffage au gaz chez moi!

OSCAR - Vous voulez que je vous dise? Je ne crois pas un mot de cette histoire rocambolesque. Bon, maintenant, vous stoppez vos déblocages, on revient à la réalité.

DOROTHÉE - Vous, je parie que vous êtes un chien! Dans l'horoscope chinois, je parle. Quel flair!

OSCAR - Du flair! Et un bureau de renseignements particulièrement efficace. Et puisque vous avez sollicité un tête-à-tête, j'ai quelques questions à vous poser. Votre mari est mort tragiquement, n'est-ce pas?

DOROTHÉE - Albert? Pourquoi?

OSCAR - Il s'est noyé dans un lac. Vous veniez de pique-niquer.

DOROTHÉE - Moi, l'eau ne me tentait pas. Je suis restée sur la berge pour bouquiner.

OSCAR - Toute seule, je sais. J'ai lu le rapport. La mort de votre époux est assez étrange, vous ne trouvez pas?

DOROTHÉE - Non. Il a été victime d'une insolation foudroyante.

OSCAR - Pourtant, la déclaration du médecin légiste laisse planer un doute.

DOROTHÉE - Pas du tout! Sa mort est totalement accidentelle!

OSCAR - Une autopsie du corps a révélé des faits troublants. Il semble qu'il ait avalé une quantité impressionnante d'alcool.

DOROTHÉE - Sa faiblesse! Le rouge, le rosé, le blanc… Albert hésitait tout le temps. Il goûtait facilement aux trois!

OSCAR - C'est très risqué de boire beaucoup puis de se baigner ensuite sous un soleil de plomb. Vous n'avez pas essayé de le dissuader?

DOROTHÉE - Oui… Non… Oui… Je ne sais plus. C'est si loin… Mais probablement. Plus têtu qu'Albert, on ne trouvait pas!

OSCAR - Tout de même! Une femme attentive lui aurait retiré les bouteilles de vin.

DOROTHÉE - Comme c'est facile de donner des leçons!

OSCAR - Dix jours auparavant, votre mari a eu un accident de voiture. Les freins n'ont plus fonctionné, je crois.

DOROTHÉE - Vous m'accusez de les avoir trafiqués? Et quoi encore!

OSCAR - Sa voiture, vous l'aviez utilisée dans la matinée.

DOROTHÉE - Sa voiture! Notre voiture! Je me suis rendue chez un ami garde forestier pour acheter des champignons.

OSCAR - Ah! l'épisode des champignons! Votre mari a eu une belle intoxication alimentaire, le lendemain midi. Votre fricassée n'aurait pas été mélangée avec des vénéneux?

DOROTHÉE - Vous êtes fou! C'est de la diffamation pure!

OSCAR - Reconnaissez que ces faits qui se suivent sont pour le moins déroutants. Deux incidents insolites ont précédé un décès brutal.

DOROTHÉE - Vous n'avez pas le droit de m'accuser. Albert est mort, c'est la faute à pas de chance !

OSCAR - Il avait trahi votre confiance avec son aventure pour Irma Santos, vous vous êtes vengée !

DOROTHÉE - Je ne suis pas une meurtière ! Vous cherchez à me déstabiliser ! Votre attitude est ignoble !

OSCAR - Avouez !

DOROTHÉE - J'avoue seulement que vous me décevez profondément !

OSCAR - Oh ! le vilain monsieur Oscar !

DOROTHÉE - Sale flic !

OSCAR - Je préfère n'avoir rien entendu.

DOROTHÉE - À la mort d'Albert, je sais que certaines personnes ont médit sur mon compte. Sans importance ! Albert était un être faible, un sacré picolo. Le quotidien nous a vite éloignés l'un de l'autre mais lorsqu'il est parti, j'ai eu un réel chagrin. C'était mon compagnon de route, tout de même. Vous me croyez ou pas, je m'en fiche !

OSCAR - Je vous crois.

DOROTHÉE - D'ailleurs, tous les mois, je me rends au cimetière pour arroser sa tombe. À l'eau naturelle. Je ne sais pas s'il apprécie…

OSCAR - Allez, je vous ai mise à l'épreuve mais je vous crois innocente à son sujet.

DOROTHÉE - Ah ! je vous trouvais du flair mais je commençais à penser que vous aviez subitement le nez bouché !

OSCAR - Et puis, pour cette affaire, il y a prescription…

DOROTHÉE - Sans rancune, monsieur Oscar !

On sonne à la porte. Aussitôt réapparaissent Maguy, Sabine et Pauline qui entrent, joyeuses, en compagnie de Jeanne.

PAULINE - La voilà ! Quel plaisir de te revoir !

SABINE *(un verre à la main)* - Ma chérie, ton voyage s'est bien passé ?… Qu'est-ce que je raconte, moi ?

JEANNE *(à Sabine)* - Tu arroses ma libération ?

SABINE - Au guignolet ? Tu mérites mieux.

DOROTHÉE - Nous étions certaines que ce n'était pas toi.

MAGUY - Remarque, cela n'arrange pas nos affaires. À nouveau, les soupçons du commissaire vont peser sur chacune de nos petites têtes.

JEANNE - Désolée, mais si le commissaire m'a libérée c'est qu'il ne me croit pas coupable.

OSCAR - Erreur. Je vous ai relâchée mais vous restez toutes les cinq en compétition ! Vous formez, permettez-moi de vous le dire, une sacrée brochette de jolies cachottières ! Toutes sans exception !

MAGUY - On s'est fait traiter tout à l'heure de menteuses, maintenant de cachottières !

OSCAR - Puisque vous prenez la parole, si vous me parliez de votre futur héritage ? Vous avez été discrètement reçue par le notaire. Que vous a-t-il révélé ?

MAGUY - Cela ne regarde que moi.

OSCAR - Allons, allons, un petit effort.

MAGUY - J'hérite de trois cent mille euros. *(Oscar tousse.)* Trente mille euros. *(Oscar tousse à nouveau.)* Trois mille euros… Il y a quelques mois, mon mari a effectué des placements boursiers catastrophiques. Il a dû vendre son entreprise à un prix dérisoire. Résultat des comptes, il reste trois mille euros…

SABINE - Une misère ! Ma pauvre Maguy !

JEANNE *(cynique)* - Trois mille euros ! Tu pourras les investir dans la pierre. Mais uniquement dans la pierre tombale…

MAGUY *(à Oscar)* - Vous êtes un odieux !

OSCAR - Si vous savez mentir sur votre vie, pourquoi pas au sujet de la journée d'hier ?… Je continue. Mme Pauline, le cœur sur la main, qui recueille à domicile sa sœur dépressive. Un exemple ! Mais ça lui rapporte tout de même six cents euros par mois !

SABINE - Quoi ? Tu fais payer un loyer à Jeanne ?

PAULINE - Pas un loyer, des soins ! C'est pas vous qui la supportez matin, midi et soir ! Et puis elle profite de tout dans la maison !

SABINE - Jeanne touche un faible chômage, ne possède aucune économie, tu le sais bien.

PAULINE - C'est notre problème ! *(À Oscar.)* Vous êtes un sale fouineur !

OSCAR - Vous voyez ! Si vous êtes capable de dissimuler des choses à vos proches, pourquoi pas à la police criminelle ?… À qui le tour ? Chère Dorothée si curieuse de nature et de la nature humaine en particulier, il n'y a aucun mal à avouer qu'une fois par semaine, vous vous rendez dans un dancing sur les Champs-Élysées…

JEANNE - C'est vrai ? Quelle coquine celle-là !

DOROTHÉE *(triste, soudain)* - Vous allez me faire passer pour une allumeuse alors que… Il faut bien l'avouer, il y a un bout de temps que les feux sont éteints. Oui, je me rends là-bas chaque samedi après-midi pour danser le mambo. J'adore ça ! J'y retrouve régulièrement quelques hommes séduisants qui m'entraînent sur la piste. Pas de quoi fouetter un chat !

OSCAR - Vous n'avez rien à ajouter en rapport avec Irma Santos ?

DOROTHÉE - Non.

Oscar - Et vous, Sabine ?

Sabine - Je vous ai tout dit.

Oscar - Tout ? Vraiment tout ? Et votre accident de voiture ?

Sabine - Comment êtes-vous au courant ?

Maguy - Tu as eu un accident ?

Sabine - Ma voiture s'est fait emboutir, elle a fini à la casse mais je n'ai pas été blessée. De petits hématomes, c'est tout. J'ai eu beaucoup de chance, en vérité.

Pauline - Pourquoi tu ne nous en as pas parlé ?

Sabine - Je n'ai pas voulu vous inquiéter.

Pauline - Ça date de quand ?

Sabine - Environ deux mois.

Dorothée - Tu te fais emboutir et tu ne nous racontes rien ? Ah non ! Je vous jure ! C'est pas chic ! C'était un beau mec, au moins ?

Sabine - Une femme.

Dorothée - Une folle ! Qu'est-ce qu'il y a comme folles au volant ! Vous n'êtes pas d'accord, commissaire ?

Oscar - La voiture qui vous a heurtée était celle d'Irma Santos. Étrange coïncidence, non ?

Sabine - Pure coïncidence ! Et je dois avouer que j'étais dans mon tort. Un refus de priorité. Je revenais d'un repas un peu arrosé : l'anniversaire de Caroline Tupin, je crois.

Jeanne - J'y étais. Tu ne te souviens pas ? Et c'est au retour que…

Oscar - Ce n'est pas ce jour-là mais le lendemain. Vous quittiez le domicile de M. Philippe Marolle, avec qui vous veniez de rompre.

Jeanne - Tu avais une liaison avec Philippe Marolle, le marchand de chaussures ?

SABINE - Une liaison qui a duré un peu plus de quatre ans. Hélas, Philippe partageait ses activités avec l'Italie. Il possède deux boutiques à Rome. On se voyait très irrégulièrement. Il y a quelques semaines, il a rencontré une autre femme…

DOROTHÉE - Ces Italiennes ont toutes les audaces. Y'en a une au dancing des Champs… Je vous raconterai plus tard !

PAULINE - Tout de même, tu aurais pu nous mettre dans la confidence de ton histoire d'amour. Nous aurions été heureuses pour toi.

SABINE - À quoi bon ? Dès le début, j'ai su que ça ne durerait pas longtemps… C'est comme ça.

MAGUY - Maintenant, je comprends mieux pourquoi tu picoles un peu trop.

SABINE - Fais-moi une réputation, aussi !

JEANNE - Il faut toujours qu'elle taille un costard rapiécé à quelqu'un, celle-là !

DOROTHÉE - Je l'avais remarqué ton Philippe. Il possédait un nez superbe comme les Égyptiens : long et racé. *(Oscar se touche le nez.)* Non, mais le vôtre, monsieur Oscar, il est pas mal aussi !

OSCAR - Tout ce que je lui demande, à mon nez, c'est d'être un fin limier !

SABINE - Je vous remercie beaucoup, commissaire, d'avoir fait ressurgir cette histoire douloureuse.

OSCAR - Désolé. C'est mon métier. On ne doit rien laisser passer. *(À Jeanne.)* À vous, maintenant.

JEANNE - Chouette ! Sur le grill, comme disait l'autre Jeanne !

OSCAR - Je préférerais une discussion en tête à tête.

JEANNE - Pourquoi ? Je n'ai jamais rien dissimulé à mes sœurs.

OSCAR - Ah oui ? Même pour la rue Bergère ?

JEANNE *(stupéfaite)* - La rue Bergère… Il a raison, le commissaire. Il doit y avoir du ménage à faire dans les autres pièces, vous ne serez pas trop de quatre !

PAULINE - Excellente initiative ! Je vous distribuerai les tâches !

Pauline entraîne Sabine, Maguy et Dorothée, un peu réticentes, vers les étages.

JEANNE - Vous croyez vraiment que la rue Bergère peut vous aider dans votre enquête ? Ça ne date pas d'aujourd'hui.

OSCAR - Vous êtes intriguée. Vous vous demandez comment je suis au courant.

JEANNE - Ça, j'avoue ! Vous marquez un point. Mais je ne rougis pas de mon passé. La directrice de la pension « Les Lilas » me rémunérait très correctement. Comment avez-vous appris ?

OSCAR - Vous ne devinez pas ?

JEANNE - Une descente de police ? Je n'en ai jamais vue. Comme client, alors ?

OSCAR - Je ne voyais que vous.

JEANNE - Moi ? C'est la meilleure ! J'assurais le service « rafraîchissements » en chambre pour ces demoiselles. Pour me remarquer, il fallait…

OSCAR - Vous étiez craquante, croquante…

JEANNE - C'est vrai. Pourtant, je portais une tenue assez stricte, classique.

OSCAR - Vous n'avez jamais eu de propositions ?

JEANNE - Des tas, évidemment. L'interdit excite toujours. Mais lorsque je me présentais avec mes boissons, on ne consommait que mes boissons !

OSCAR - Je vous observais. Je vous trouvais bien plus sexy que la majorité des filles.

JEANNE - Moi aussi.

OSCAR - Un jour, je vous ai apporté du lilas…

JEANNE - Ah ! c'est vous ! Oui, je me souviens. Une touchante attention que je n'ai jamais oubliée, découvrant que je faisais de l'allergie au lilas coupé. Quinze jours de rhume, je me suis payé !

OSCAR - J'ai conservé de vous un souvenir intense dans ma mémoire.

JEANNE - Pourtant j'ai travaillé chez Mme Bérangère à peine six mois. Après, elle a vendu. Tôt ou tard, on lui aurait bouclé son lieu. Aujourd'hui, trône un hôtel trois étoiles très respectable… *(Le fixant.)* Vous aviez les cheveux plus longs, à l'époque, non ?

OSCAR - Exact.

JEANNE - C'est drôle de se retrouver dans les circonstances actuelles. Vous êtes marié ?

OSCAR - À l'époque, je me cherchais. Depuis, je me suis trouvé. Différemment.

JEANNE - Ah… *(Réalisant.)* Ah ! d'accord ! *(Soupirant.)* Vous n'êtes pas perdu pour tout le monde… On s'est revus, quelques années plus tard, non ? Oscar, ce n'est pas votre vrai prénom.

OSCAR - C'est le second. On m'a baptisé Gabin. On le trouve même sur le calendrier. Ma mère raffolait du comédien. Tout le monde se foutait de moi. En second, ma pièce d'identité mentionne Oscar. Gabin, Oscar, César ! Véridique ! Je suis né couvert de pellicules ! *(Il rit tendrement.)*

JEANNE - Ça ne doit pas être fréquent de rire dans une enquête policière.

OSCAR *(stoppant net)* - Jamais. Vous avez raison : nous faisons un peu trop diversion.

JEANNE - Alors, avez-vous trouvé où le hasard nous a permis de nous côtoyer à nouveau ? Allez, fouillez un peu là-dedans !

OSCAR - Je ne vois pas.

JEANNE - À mon mariage ! Nous nous rendons à la mairie du 18e arrondissement, moi en robe blanche immaculée, une voilette sur les yeux, et qui j'aperçois réglant un problème de circulation ? Toi ! Une image furtive.

OSCAR - Je ne pouvais pas te reconnaître, couverte de tulle !

JEANNE - Ce jour-là, j'aurais dû te regarder plus longuement et rater les marches du perron ! Ça m'aurait évité la plus belle connerie de mon existence !

OSCAR - Bien, bien. Après cet intermède sentimental, dirons-nous, je vais poursuivre mes questions.

JEANNE - Pourquoi Irma Santos ne se serait pas suicidée ? C'est vrai, vous n'en parlez pas. Un papier dans le creux de la main ne constitue pas une preuve tangible.

OSCAR - Une femme abattue de deux balles dans le bas du crâne, sur l'arrière, vous imaginez la gymnastique pour se supprimer soi-même ? Lorsqu'on attente à sa vie, on se tue de face. Toujours… Vous pouvez dire à vos proches de revenir. *(Jeanne sort. Le portable d'Oscar sonne. Il répond.)* Allô ! (…) Oui… (…) Tu as trouvé un agenda dans le tiroir d'une commode ? Excellent ! (…) Tu l'épluches et tu poursuis tes investigations… (…) Entendu. *(Il coupe la communication.)*

Les sœurs reviennent.

SABINE - Commissaire, comptez-vous nous harceler encore longtemps ?

OSCAR - Vous appelez ça du harcèlement ? J'ai des collègues qui ont des pratiques plus radicales. Par exemple, ils tapent avec des bottins sur la tête des gens. Ça ne laisse aucune trace mais c'est très, très douloureux.

SABINE - Ils tapent même sur des femmes ?

OSCAR - Une femme ou un homme, lorsqu'une accusation lourde plane sur la personne…

DOROTHÉE - Vous allez nous taper avec un bottin ?

PAULINE - Ça m'étonnerait. Je n'en possède pas.

OSCAR - Non. Ce procédé est uniquement utilisé contre des voyous d'envergure. Vous êtes de délicieuses femmes honorables, à part une, bien sûr… Et puis, vous voyez bien comment je fonctionne. Je suis un diplomate…

DOROTHÉE - Un diplomate avec ses quarts d'heure de bavure !

JEANNE - Un ex-sentimental.

OSCAR - Mais surtout un stratège ! Méfiez-vous.

SABINE - Commissaire, sommes-nous retenues à domicile ? Nous avons toutes des activités respectives.

OSCAR - Je vous propose de nous retrouver demain matin, neuf heures.

PAULINE - Chez moi ?

OSCAR - Comme point de chute…

DOROTHÉE - Comme point de chute ? Aïe ! Ça va faire mal !

MAGUY - Vous allez recommencer à nous poser des questions et encore des questions ?

OSCAR - J'apporterai les croissants, ça sera plus convivial. Les croissants et les menottes…

JEANNE - Vous… Vous comptez procéder à une arrestation ?

OSCAR - Une, deux, ou plus. Il y a peut-être eu complicité…

SABINE - Commissaire, vous faites fausse route. Pourquoi ce crime ne serait-il pas étranger aux sœurs Martin ? Votre entêtement n'est fondé sur rien de crédible.

DOROTHÉE - Demain, nous sommes samedi… Ah ! mais ça ne me convient pas du tout ! Je ne peux pas louper mon rendez-vous hebdomadaire au dancing ! On m'attend !

OSCAR - Demain, c'est peut-être moi qui vais vous faire danser, chère Dorothée ! Car je peux vous informer : je compte boucler mon enquête. Mesdames, une très bonne journée détendue à vous…

Oscar adresse un large sourire puis un salut de la tête et sort.

NOIR
Courte musique

Scène 2

Retour lumière. Une pendule sonne neuf coups. Un temps. Dorothée est assise de face sur le canapé et pose du vernis à ongles sur les extrémités de ses pieds nus posés sur la table basse.

DOROTHÉE - Qu'est-ce qu'ils fichent ? Ah ! vous ne pouvez pas savoir ce que j'ai envie de savoir !

Jeanne entre avec une cafetière à la main. Elle précède Pauline avec un plateau et des tasses à café.

JEANNE - Tu veux savoir quoi ?

DOROTHÉE - L'identité de l'assassin, pardi !

PAULINE - Tu te maquilles les ongles des pieds, maintenant ?

DOROTHÉE - C'est indispensable pour une danseuse de mambo ! Les hommes regardent souvent les pieds de leurs partenaires, alors au passage ils admirent vos pieds beaux ! Enfin, je veux dire, vos beaux pieds ! C'est-à-dire l'élégance de vos extrémités !

PAULINE *(à Jeanne)* - Je n'ai pas compris pourquoi tu as menti au commissaire.

JEANNE - Ça vous libérait toutes les quatre.

PAULINE - T'es un peu frappée, quelque part, toi.

JEANNE - En tout cas, je sais le prénom de la meurtrière.

DOROTHÉE - Arrête de frimer !

JEANNE - Mais je le garde pour moi car chaque fois que j'ouvre la bouche, ça me retombe dessus.

PAULINE - Je te promets que ça ne sortira pas de ces quatre murs.

DOROTHÉE - Ces quatre murs ! Il va y avoir du monde entre ces quatre murs ! Des bavardes, une tireuse d'élite et un policier machiavélique !

PAULINE - Tu le trouves machiavélique ?

DOROTHÉE - Charmeur mais machiavélique. En déballant nos histoires personnelles, le Berthomieu a su créer une vraie tension entre nous. Nous sommes toutes à cran, maintenant. Ce matin, à un moment ou à un autre, l'une de nous va craquer, passer aux aveux. *(Elle range son matériel de soins dans une trousse.)*

PAULINE - J'ai peur, j'ai très peur de ce qui va se passer.

JEANNE - Tu peux ! Courage ! Je te promets que je viendrai te voir très régulièrement au parloir. *(Tête de Pauline.)* J'ai tout de suite deviné que c'était toi. Voilà pourquoi hier j'ai voulu prendre ta place. Tu es si fragile !

PAULINE - Moi, je suis fragile ?

JEANNE - Bien sûr ! Tu camouffles au mieux. Irma Santos te devait de l'argent, c'est ça ?

PAULINE - Oui. Comment l'as-tu appris ?

JEANNE - Et elle refusait de te le rendre, cette mégère ! Évidemment. Figure-toi, l'autre jour, chez le boucher, il s'est passé un incident que je n'ai raconté à personne, même pas à Berthomieu. J'entre dans la boutique, elle sort au même moment, me bouscule violemment. Pas un mot d'excuse ne sort de sa bouche. Je réagis aussi sec, je l'insulte ! Et quand je me lance… À peine mouchée, elle m'a jeté un regard dédaigneux en me balançant : « On pique sa crise, la petite sœur de Pauline l'usurière ! » Et puis, elle s'est éloignée… Ça m'a mis la puce à l'oreille, figure-toi.

PAULINE - Je lui ai prêté, il y a vingt-cinq ans, dix mille francs. Dans quel contexte, je ne sais plus. Il y a une semaine, je la croise dans le centre-ville, je lui remets en mémoire sa dette, elle éclate de rire… En tout cas, je te rassure : je ne tue pas pour dix mille francs. Enfin, pour mille cinq cents euros. Davantage, ça demande réflexion… Tu es rassurée ?

JEANNE - Pas du tout. Il va y avoir un coup d'éclat !

PAULINE - Arrête ! Arrête ! Regarde, je tremble déjà des mains !

DOROTHÉE - C'est pas la peur, c'est l'âge !

PAULINE - Je ne trouve pas ça drôle.

On sonne. Pauline sort. Un temps. Jeanne prend dans sa poche un pistolet et le tient en joue face à la porte donnant sur l'entrée. Oscar entre, précédant Pauline. Il tient à la main un paquet contenant des croissants.

OSCAR - Charmant accueil… Il ressemble à celui que je possédais en début de carrière… Ne faites pas de bêtise, Jeanne. Donnez-moi ce revolver sans résistance.

PAULINE *(soudain paniquée)* - Jeanne, je t'en supplie, ne complique pas la situation !

JEANNE *(baissant les bras)* - Restez zen. Il est faux. Il s'agit d'un pistolet-gadget que j'ai retrouvé en fouillant dans un tiroir. J'avais dû le gagner dans une fête foraine. J'entasse trop.

PAULINE - Tu es folle de nous donner une telle frayeur !

OSCAR - Je ne savais pas que vous pouviez montrer tant d'espièglerie…

DOROTHÉE - Mémorisez. Elle ne renouvelle pas souvent.

PAULINE - Commissaire, une goutte de café ?

OSCAR - Volontiers. J'ai pensé à apporter les croissants… *(Son portable sonne.)* J'attends des renseignements importants… *(Il répond.)* Allô ! (…) Je t'écoute, oui… (…) Ah ! c'est très intéressant, ça… *(Il s'éloigne des trois femmes.)* En soulevant un imposant tableau du mur, il y avait la trace d'un plus petit derrière… (…) D'une grande valeur assurément… (…) Et qui a disparu ? Nous tenons probablement le mobile du crime… Tu poursuis tes recherches… (…) Ah ! (…) Peux-tu demander à Puzet et Maréchal de me rejoindre tout de suite ? (…) O.K. ! *(Il coupe la communication.)* Vous n'y goûtez pas ?

JEANNE - Ils ont une drôle de gueule !

DOROTHÉE - Merci, non ! Je suis exclusivement pain bio !

PAULINE - Ce n'est pas recommandé pour mon cholestérol.

OSCAR - Un franc succès. Les femmes sont déroutantes. On se demande pourquoi il y en a qui s'en passent…

On sonne. Pauline sort pour revenir en compagnie de Sabine et Maguy.

JEANNE - Bravo pour l'exactitude !

SABINE - Ma chérie, nous n'avons pas un train à prendre. Juste la fourgonnette pour l'une d'entre nous.

OSCAR - J'ai apporté les croissants.

Maguy - Comme c'est gentil de votre part ! Mais je n'avale aucune nourriture entre huit heures et douze heures trente.

Sabine - C'est bête, j'ai commencé un régime très strict ce matin : des pommes à tous les repas !

Oscar - Vous vous êtes donné le mot ! Soyez sympa… Vous n'en verrez pas souvent des commissaires de police qui apportent des croissants chauds à des suspectes !

Dorothée - Pour être franche, on espère surtout ne pas avoir trop souvent des commissaires de police fréquenter nos habitations !

Jeanne - Dites-moi, vous venez de raccrochez une communication sur votre portable. J'ai cru entendre que vous demandiez du renfort…

Oscar - Les inspecteurs Puzet et Maréchal ne vont pas tarder.

Dorothée - Trois policiers pour interroger cinq faibles femmes ?

Oscar - Mes deux adjoints m'assistent uniquement dans les recherches, les fouilles.

Dorothée - Ça, on fouille et on en profite pour vous tripoter partout !

Jeanne - Vous comptez examiner tous les recoins de la maison ?

Pauline - C'est une mauvaise blague !

Sabine - Vous pouvez nous montrer votre mandat de perquisition ?

Oscar - Je peux l'obtenir en moins de vingt-quatre heures.

Pauline - C'est inadmissible ! C'est humiliant !

Maguy - Que cherchez-vous exactement ? Pauline, appelle maître Lantéri ! On ne va pas se laisser faire !

Le portable d'Oscar sonne.

Oscar - La barbe ! Prenez donc une tasse de café pour vous détendre… *(Il répond.)* Allô ! (…) J'avais deviné juste… (…) Combien ? (…) Tu me rappelles. *(Il coupe la communication.)*

SABINE - Commissaire, vous nous devez une franche explication.

OSCAR - Mme Irma Santos a été tuée pour permettre le vol d'une toile de Chagall.

SABINE - Quel rapport avec nous ?

OSCAR - Je pense que l'une d'entre vous est extrêmement rusée.

PAULINE - Ahurissant ! Toutes les cinq nous menons une vie paisible.

JEANNE - J'ai bien fréquenté un Arsène, mais il ne s'appelait pas Lupin !

DOROTHÉE - Voyons, monsieur Oscar, c'est ridicule ! Que voulez-vous que l'on fasse d'un Chagall ? Je dois vous avouer que j'ai plus la nécessité de remplacer ma machine à laver le linge, en ce moment.

JEANNE - C'est vrai que chez moi, je possède une multitude de tableaux : cinq Degas, dix Corot, quatre Sisley…

MAGUY - Précise qu'il s'agit de copies à dix euros !

SABINE - J'espère que tu as pensé à les assurer !

OSCAR - Ce tableau trônait dans le séjour. Il a été subtilement remplacé par une œuvre quelconque. Nous avons retrouvé dans les papiers personnels de la morte une facture d'achat de chez Drouot, datée d'une quinzaine d'années, ainsi qu'une lettre récente sur son prix actuel évalué à deux cent vingt mille euros.

DOROTHÉE - Deux cent vingt mille euros ? Je peux m'offrir plus de quatre cents machines à laver le linge !

SABINE - Tu peux même ouvrir une blanchisserie géante !

JEANNE - Elle n'était pas fauchée, Irma la Douce !

OSCAR - Madame Pauline, je vais donc procéder à la visite complète de votre intérieur dans les moindres recoins.

PAULINE - C'est extrêmement humiliant.

SABINE - Une honte !

OSCAR - La vraie honte, c'est le meurtre crapuleux sur la personne de Mme Santos.

PAULINE - J'espère que je ne vais pas retrouver tout sens dessus-dessous !

OSCAR - Ne vous souciez pas, mon second inspecteur est une vraie fée du logis. Il chamboule tout puis range avec un soin extrêmement méticuleux. *(On sonne.)* Voilà mes adjoints. Une recommandation évidente : personne ne doit s'absenter. Portes et fenêtres doivent rester fermées et seront surveillées.

SABINE - Prisonnières à domicile ! C'est gai !

JEANNE *(amusée)* - Une vraie maison close !

DOROTHÉE - Je suis claustro ! Je vais étouffer !

OSCAR - Je tiens à vous informer que si nous ne mettons pas la main sur cette peinture de maître, je serai contraint de renouveler cette pratique chez chacune d'entre vous.

SABINE - Hors de question ! Vous vous croyez tout permis ! Je veux voir un papier officiel !

OSCAR - Je vous l'obtiendrai quand je jugerai le moment venu. Je vous prierais aussi de conserver tout votre calme. Quelques mots à mes deux acolytes et l'on se retrouve. *(Il récupère le paquet de croissants.)* Pas de regrets ? Eux au moins apprécieront !

> *Oscar sort.*

PAULINE - Ils vont mettre plein de miettes sur mes beaux tapis made in Japan !

MAGUY - Je ne supporte pas l'insolence de ce policier !

DOROTHÉE - C'est vrai qu'il ne prend pas de gants ! En été, ça se comprend. *(Elle rit seule.)* On pourrait essayer de détendre l'atmosphère…

Pauline - Je ne sais pas si vous réalisez que dans quelques minutes l'une d'entre nous va devoir préparer sa valise. Nous devons réfléchir à envisager des solutions de soutien. Elle va en avoir grand besoin.

Maguy - Mais qui va en avoir grand besoin ?

Sabine - Personnellement, je suis fixée. Il n'y a plus de mystère pour moi. *(Elle regarde Jeanne.)* Le vol du Chagall m'a ouvert les yeux. Tu n'as pas hésité à tuer pour l'obtenir.

Jeanne - Tu m'accuses ? Tu te plantes royalement !

Sabine - Pendant des années, tu as fréquenté les musées, les galeries. Une vraie passion. L'opportunité de posséder une œuvre d'art exceptionnelle de n'importe quelle manière. Un coup de folie.

Jeanne *(enjouée)* - Un coup de folie ? Mais si j'avais dû avoir un authentique coup de folie dans ma vie, pour cause d'asphyxie totale, j'aurais supprimé les quatre commères insupportables et médisantes qui m'entourent !

Maguy - C'est elle ! Je l'ai toujours proclamé ! Elle ne supportait plus d'être éternellement fauchée !

Pauline - Maguy, tu ne vois pas qu'elle nous taquine ? Son air enjoué ne te surprend pas ? *(À Jeanne.)* Ton attitude est bizarre. Tu me sembles trop détendue, tout d'un coup.

Dorothée - À propos, Berthomieu a évoqué la rue Bergère. Pour quelle raison ?

Jeanne - Pour rien. Sans importance.

Dorothée - Toi, tu nous caches quelque chose !

Jeanne - Vous faites erreur. Je n'ai jamais rêvé de posséder un tableau précieux. Ni le revendre pour en tirer un maximum.

Sabine - Alors si ce n'est pas toi… Qui aime le plus l'argent dans la famille ? *(Tous les regards se portent sur Pauline.)* Pauline, peux-tu nous donner la clé ?

PAULINE - La clé ? Quelle clé ?

SABINE - Celle de ton grenier. Il paraît que tu en as interdit l'accès à Jeanne.

PAULINE - Un grenier, c'est comme un jardin secret : intime et personnel.

MAGUY - Souvent une bonne planque !

PAULINE - Tu insinues quoi ? Que je camouffle le Chagall ? N'importe quoi !

MAGUY - Pour être fixé, il faudrait un droit de visite.

PAULINE - Je refuse catégoriquement. Je me permets d'aller fouiller chez vous, moi ? Ça ne me viendrait même pas à l'idée !

SABINE - Moi, de toute façon, en ce moment, il n'y a que les caves à visiter qui m'intéressent !

DOROTHÉE - Pauline a raison. Nous n'avons pas à la harceler.

PAULINE *(essuyant un sanglot)* - De toute façon, j'ai ma conscience pour moi. Mon grenier, personne n'y mettra jamais les pieds, c'est tout. Que j'y cache un trésor ou pas, ça ne regarde que moi.

DOROTHÉE - Le trésor de Pauline ! Mystère et boule de gomme ! Quand je pense que vous me trouvez stupide ! Mais j'ai l'impression qu'il s'agit d'un germe qui s'est introduit dans chacune des sœurs Martin ! Pas possible autrement.

SABINE - La voix de la sagesse. *(Soupirant.)* Quel déballage depuis hier seize heures ! Nous ne nous sommes pas épargnées. Nos écarts de langage, nos insinuations perfides, toutes les vacheries envoyées et réceptionnées, nous devons tout oublier !

DOROTHÉE - Ça y est !

SABINE - Quoi donc ?

DOROTHÉE - Ça y est, je ne me souviens plus de rien. Chez moi, c'est très rapide.

MAGUY - Ça va être très, très dur !

JEANNE - Mais non ! Tu prends exemple sur moi. J'ai digéré sans problème tous tes sarcasmes trop nuls pour me blesser vraiment… Allez, on s'embrasse !

MAGUY - C'est obligatoire ?

DOROTHÉE - Zut ! J'ai oublié mon appareil photo !

Jeanne et Maguy s'embrassent du bout des lèvres.

DOROTHÉE - Que c'est beau ! Que c'est émouvant ! Et comme c'est spontané !

JEANNE - C'est vrai que je suis d'une humeur gracieuse. Celle que nous devons désormais toutes adopter pour décontenancer ce cher commissaire. Soyons exagérément affables. Ça va être notre force. Et l'échec de son enquête.

SABINE - Nous sommes cinq sœurs, chacune avec ses particularités. Nous avons toujours réussi à surmonter n'importe quel conflit qui se présentait. Et sincèrement, malgré nos divergences, je pense que là-haut, nos chers parents doivent être fiers de notre tendresse commune…

Toutes sont soudain rêveuses, peut-être un peu émues.

PAULINE *(après un temps)* - Vous voulez savoir ce qui se cache derrière la porte de mon grenier ?

DOROTHÉE - Quinze Chippendales qui répètent un numéro pour mon prochain anniversaire !

JEANNE - Personne ne t'oblige à nous le dévoiler.

DOROTHÉE *(la coupant)* - Pas la peine ! Ils sont déjà tous à poil !

SABINE - C'est plus possible ! Pour ton prochain anniversaire, on t'offre du bromure !

DOROTHÉE - Si on peut plus rigoler ! *(À Pauline.)* Pardon ma bichette.

PAULINE - Comme vous le savez, nos chers parents ont tenu trente-cinq années une parfumerie réputée en ville…

SABINE - Plus ! Ils ont créé une eau de toilette unique encore fort appréciée.

JEANNE - Et nous nous sommes donné l'obligation quotidienne, après leur départ, de se vaporiser légèrement tous les matins.

DOROTHÉE - Un petit coup derrière les oreilles avant de me lancer sur la piste de danse et je les achève tous !

PAULINE - Lorsque la petite entreprise a été vendue avec la licence d'exploitation, j'ai réussi à racheter le matériel artisanal complet de la fabrication de cette eau de toilette. Il dort paisiblement au second étage…

SABINE - Vrai ? Tu as fait ça ? C'est magnifique ! Tu es épatante !

PAULINE - Je voulais pour un réveillon de Noël vous faire la surprise de gravir les marches, de tourner la clé, de découvrir mon laboratoire…

MAGUY - Tu es géniale ! Nous sommes touchées…

DOROTHÉE - Très touchées, oui. Même sans les Chippendales !

SABINE - Je ne sais pas si l'on peut se réjouir pleinement. Serons-nous toutes réunies pour Noël prochain ? La mort d'Irma Santos plane lugubrement sur l'une de nos têtes chétives…

JEANNE - Un seul remède, une seule solution pour retrouver notre tranquillité : on tue le flic !

DOROTHÉE - Extra ton idée ! *(Aux autres.)* Il faut la faire interner ! Elle est pire que moi !

JEANNE - On l'enterre dans un champ de betteraves à cinquante kilomètres d'ici.

DOROTHÉE - On peut auparavant le découper pour récupérer quelques bons morceaux de poulet !… Elle nous pète un câble celle-là !

JEANNE - C'était une plaisanterie !

SABINE - Lorsque tu en auras d'autres plus lumineuses, tu nous feras signe.

PAULINE - Je fais réchauffer du café ?

MAGUY - Nous n'avons pas le droit de quitter la pièce.

PAULINE - Je vais me gêner ! Je ne paie pas une taxe d'habitation surévaluée pour ne pas avoir le droit de circuler chez moi comme je le veux !

Pauline prend la cafetière et pénètre dans la cuisine. Oscar entre.

OSCAR - Une question : vous saviez qu'Irma Santos avait été Miss Seine-et-Marne à dix-huit ans ?

DOROTHÉE - Que voulez-vous que cela nous fasse ? *(Réalisant son manque d'amabilité, elle change de ton.)* C'est très intéressant, cher commissaire…

OSCAR - Être une Miss Seine-et-Marne au charme piquant et terminer avec deux trous dans la nuque, il y a comme une trajectoire qui aurait subi des revers… Son ultime regard était douloureux et consterné. Comme si elle avait deviné que ses minutes étaient comptées, sans comprendre le geste cruel qui l'attendait.

JEANNE - Où voulez-vous en venir ?

OSCAR - À rien. Les pensées s'entrecroisent dans ma tête. Je cherche, je cherche…

SABINE - Vous vous dites : ces dames Martin, malgré leurs petits secrets, elles sont attachantes. Et pourtant l'une d'entre elles est un monstre !

DOROTHÉE - Elle a peut-être des circonstances atténuantes…

OSCAR - Que voulez-vous dire ?

DOROTHÉE - Il peut s'agir de légitime défense…

OSCAR - Irma Santos aurait menacé la première pour protéger son tableau ? Ça ne me paraît pas crédible. Elle n'aurait pas pris la peine d'inscrire un nom dans le creux de sa main juste avant.

JEANNE - Dans le passé, elle savait manipuler son monde.

MAGUY - En tout cas, Mme Santos avait la maîtrise d'elle-même. Pendant mon essayage, elle a reçu sur son portable un appel de son ami. Elle lui a répondu plutôt sèchement !

OSCAR - Qu'est-ce qu'il lui voulait ?

MAGUY - Je ne sais pas, je n'ai pas bien compris. Apparemment, elle refusait de vendre quelque chose et il insistait lourdement.

OSCAR - Le tableau ! Il s'agit du tableau, bien sûr ! Vous pouviez pas en parler plus tôt ?

MAGUY - Comment voulez-vous que je devine ? Vous venez juste de nous apprendre l'existence de cette toile !

OSCAR - Avez-vous entendu prononcer le nom de cet homme ?

MAGUY - Elle l'appelait « chéri » malgré le ton de la discussion… Attendez ! Elle a demandé des nouvelles de « papa Bloumer » hospitalisé. Je suppose que le fils possède le même nom que son père.

OSCAR - Logique. Vous avez l'ouïe fine. Ça rend service.

MAGUY - Irma avait une voix qui porte.

SABINE - Ah ! Louis ! Louis ! C'était mon troisième !

DOROTHÉE *(la coupant)* - Ça va bien ! T'as déjà raconté ! On ne va pas être deux à radoter !

OSCAR - Madame Maguy, il fallait m'en parler tout de suite de cette altercation !

MAGUY - Dites, vous êtes un marrant ! Si j'avais eu des dispositions d'inspecteur de police, je serais devenue inspecteur de police !

DOROTHÉE - Monsieur le commissaire, vous tenez une nouvelle piste ?

OSCAR - Les questions, c'est moi qui les pose ! *(Pauline revient avec la cafetière tandis qu'il compose un numéro sur son portable.)* Allô ! (…) Peux-tu feuilleter le carnet d'adresses, à la lettre « b » ? Un certain Bloumer… (…) Je t'écoute… M. Bloumer, 25 rue Custine, Paris 18e. 01 45 32… À plus tard. *(Il coupe la communication.)*

SABINE - M. Bloumer. « M » comme Maurice, Matthieu ou Martin…

OSCAR - Bon Dieu ! Mais c'est ça ! *(Il compose un autre numéro.)* Berthomieu à l'appareil. (…) J'ai besoin d'un renseignement urgent. Au 25 rue Custine, un individu qui porte le nom de Bloumer. Vous pouvez me dégoter son prénom ? (…) Je patiente…

PAULINE - Sur Internet, aujourd'hui, quinze secondes, on sait tout sur tout !

DOROTHÉE - Il paraît que l'on peut faire des rencontres très intéressantes !

OSCAR *(au téléphone)* - Oui… (…) Vous m'envoyez Meyer et Baron sur place et vous le ramenez au Quai des Orfèvres. Je serai là dans moins d'une heure. Vérifiez s'il possède un casier judiciaire. *(Il coupe la communication.)* Bloumer Martin… Merci madame Sabine.

SABINE - Si vous avez besoin d'une précieuse collaboratrice, un jour…

DOROTHÉE - Comment ? Tu as abandonné l'idée d'ouvrir un magasin « Nicolas » ?

SABINE - Toi, si on pouvait te couper la langue…

PAULINE - Alors, on peut stopper la fouille ?

OSCAR - Je vais donner des instructions.

Oscar sort.

JEANNE - Une nuit au poste ! J'ai passé une nuit derrière les barreaux pour rien !

SABINE - Pour rien ? Tu fais la une de la presse régionale ce matin ! Comme une star ! Tu as créé la stupeur générale dans la peau d'une scélérate meurtrière ! Demain, retournement de situation, tu seras devenue la victime d'un fait divers odieux. On te félicitera ! On admirera ton courage !

DOROTHÉE - Ma Jeanne, ton jour de gloire est arrivé ! *(Chantant.)* « C'est la lutte finale ! »

Oscar réapparaît.

OSCAR - Une urgence m'attend, vous l'avez compris.

MAGUY - Quel dommage !

SABINE - Vous allez avoir un interrogatoire difficile. Si vous n'y arrivez pas et que vous avez besoin d'un coup de main solide, on peut toutes vous accompagner !

DOROTHÉE - Oh oui ! Oh oui ! Et si ce saligaud n'avoue pas rapidement, vous le laissez agir. Je lui tords les roubignolles avec une clé à mollette ! Je suis pour le travail artisanal, moi !

JEANNE - Dorothée, c'est la pince-sans-rire de la famille !

OSCAR - Ah ! il faut avouer que les interrogatoires sont souvent le sel de notre profession-sacerdoce.

PAULINE - En tout cas, nous nous sentons soulagées. Quel bonheur !

OSCAR - Je comprends. J'espère ne pas vous avoir trop malmenées. Je compte vous faire parvenir une gerbe de fleurs à chacune.

JEANNE - Évitez le lilas pour moi, merci.

OSCAR - Des roses rouges.

PAULINE - C'est trop gentil. J'ai justement un grand vase qui peut contenir jusqu'à quatre-vingt tiges !

OSCAR - Quatre-vingt tiges ! Je demanderai une facture…

JEANNE - Commissaire, bon vent !

Oscar s'approche de la porte de sortie. Dorothée le retient par le bras un instant.

DOROTHÉE *(bas)* - Au revoir, vous. Et si un jour vous changez de bord, n'oubliez pas de venir frapper à ma porte !

OSCAR *(bas)* - Promis. Et vous, n'oubliez pas d'arroser tous les mois la tombe de votre mari.

DOROTHÉE *(bas)* - C'est vrai que j'ai tendance à l'oublier celui-là…

Dorothée s'éloigne d'Oscar.

SABINE - Qu'est-ce que tu lui as demandé ?

DOROTHÉE - S'il aimait la choucroute !

OSCAR - Je dois avouer avoir eu un grand plaisir à lier connaissance avec chacune d'entre vous sans restriction.

JEANNE - Nous aussi ! Vous nous avez fait passer un excellent moment !

SABINE - Donnez-nous un coup de fil pour nous raconter comment vous avez bouclé la fin de cette enquête.

OSCAR - La moindre des choses. Mes adjoints et moi-même vous saluons. Ah ! je voulais vous dire : il est étonnant le parfum dont vous usez toutes les cinq. Il m'a intrigué. Il est particulièrement voluptueux.

DOROTHÉE - Il fait des ravages !

OSCAR - Vous serez le « crime » le plus sympathique que j'ai vécu. Mesdames…

Oscar sort. On entend une porte claquer.

SABINE - Charmant !

PAULINE - Exquis !

MAGUY - Délicieux !

DOROTHÉE - Si sensuel !

JEANNE - Un peu naïf, tout de même.

PAULINE - Combien a-t-il dit que le tableau valait ?

SABINE - Trois cent vingt mille euros.

PAULINE - Jolie somme.

DOROTHÉE - Jolie somme, oui. Même divisée en cinq…

JEANNE - Génial ! Je vais pouvoir changer de voiture.

SABINE - Mon ami Argentin collectionneur m'a confirmé qu'il était preneur du Chagall. C'est une chance inouïe que Jeanne, dans sa collection de copies de toiles de maîtres, ait possédé celle du Chagall.

JEANNE - Je ne vous cache pas qu'en substituant le vrai par le faux, je n'en menais pas large. J'ai profité des essayages de Maguy qui faisait durer le plaisir auprès d'Irma Santos. Ça m'a pris dix minutes.

PAULINE - Quel sang-froid ! Tu es digne de l'admiration que tu me portes !

SABINE - Pour un premier coup, c'est un coup de maître !

JEANNE - Heureusement qu'il s'agissait d'une toile peu encombrante.

SABINE - Quand je pense que ce Bloumer a tué sa maîtresse pour une imitation à dix euros !

DOROTHÉE - Vingt années de placard pour des clopinettes ! Bien fait ! Tout ce qu'il mérite, cet assassin !

MAGUY - Si ça se trouve, il va se faire pincer sans avoir réalisé la supercherie du tableau.

PAULINE - Alors… trois cent vingt mille euros divisés par cinq, ça nous fait… soixante-quatre mille euros chacune !

JEANNE - De quoi jouir très agréablement de la vie.

SABINE - Il faut que je vous parle… J'ai à vous proposer un coup très lucratif, sans aucun risque. Un coup qui peut nous rapporter six cent mille euros !

DOROTHÉE - Arrête !… Non, continue !

SABINE - Chez l'une de nos vieilles amies gâteuses qui collectionne les bronzes…

DOROTHÉE - Les bonzes ? Je ne demande qu'à connaître !

SABINE - Les bronzes ! Les sculptures en bronze !

JEANNE - Oh là là ! Tu nous mets en appétit ! Raconte ! Quel coup juteux !

DOROTHÉE - Mesdames, le moment est solennel. Le gang des Martin Sisters va, à partir d'aujourd'hui, faire énormément parler de lui ! J'ai le plan détaillé de l'appartement. Chacune de nous aura un rôle à tenir.

PAULINE - Nous allons être riches, riches, riches !

DOROTHÉE - Ça s'arrose ! Il y a du champagne au frais !

La porte s'ouvre. Le commissaire réapparaît.

OSCAR - Excusez-moi mesdames. J'ai oublié mon portable sur la table…

Les cinq sœurs se regardent, consternées.
Noir.
Musique.
Saluts.

FIN

2e trimestre 2006
Première édition, dépôt légal : juin 2006
N° d'édition : 200632
ISBN : 2-84422-521-7